東大と野球部と私

勝つために大切なことは何か

桑田真澄

祥伝社

東大と野球部と私

はじめに——「教え」と「学び」を追い求めて

日本の最高学府の頂点に立つのが東京大学であることは、どなたにも異論はないでしょう。その東京大学運動会（東大運動部の支援を行なう財団法人。いわゆる体育会）に、硬式野球部があります。明治神宮《めいじじんぐう》野球場を舞台とし、早稲田《わせだ》、慶応《けいおう》、明治、立教《りつきょう》、法政《ほうせい》を相手に東京六大学リーグで戦っていますが、残念ながら２０１０年10月に勝利を挙げて以来は連敗が続いていました。そして46連敗となった２０１２年の暮れ、僕に特別コーチ就任の要請がありました。

本文で詳しく記しますが、実はベースボールが日本に初めて伝わったのは、東大の前身である第一大学区第一番中学校とされています。その日本野球の原点ともいえる東大の野球部でコーチをすることは、野球界に対する一つの恩返しになるのではないか、そして、僕自身にも新たな学びがあるのではないかと思い、２年間の特別コーチをお引き受けすることにしました。

僕は、東大野球部で、今まで日本の野球界で常識とされてきた考え方を疑いながら練習することの大切さを伝えてきました。また、東大野球部の強みである〝考える力〟を最大限に活《い》かすため、合理的・効率的な練習法を提案し、時には選手と一緒に体を動かすことで連敗を止める努力をしてきました。残念ながら、特別コーチをしていた2年間ではリーグ戦で勝利を挙げることはできませんでしたが、２０１５年5月に東大ナインは念願の1勝を勝ち取ってくれました。

正直なところ、特別コーチに就任した当初は「1勝くらい簡単にできるだろう」と考えていました。ですから、リーグ戦で1勝するのにここまで苦労するとは思ってもいませんでした。また、特別コーチを務めていた2年間は、選手たちの成長に手ごたえを感じた時期もあれば、彼らの意識やプレーの質がなかなか改善されずに悩んだこともありました。

そんな悪戦苦闘を繰り返した中で、本書を出版することに決めた背景には、二つの理由があります。一つは、東大野球部のOBや関係者、そしてこれから入部を希望する未来の野球部員に向けて、僕が特別コーチとして伝えてきたメッセージを明らかにしたいと思ったからです。

スポーツのチームには必ずといっていいほど部内で受け継がれてきた伝統がありま

す。2年間というわずかな期間でしたが、コーチという立場から見た東大野球部には、文武両道の精神を継承する姿が確かにありました。また、学生野球にありがちな非合理的な上下関係もなく、先輩も後輩もごく自然な関係で練習をしていました。これは、東大野球部OBのみなさんが実践してきた大切な価値観であり、日本の野球界に誇るべきものだと思います。そんな野球部の伝統に、今回僕が伝えようとした合理的・効率的な野球の考え方をミックスすることで、より良い東大野球部を創《つく》っていただきたい。また、そんなカルチャーに魅力を感じ、より多くのアマチュア選手が東大野球部を目指すようになってほしい。それが本書を通して実現できたら、僕にとってはこのうえない喜びです。

二つ目の理由は、僕が東大で感じたことや伝えたことは、東大野球部以外にも通じることがたくさんあるのではないかと考えたからです。東大には過去に並はずれた実績を残したスター選手はいません。また、東大野球部の選手たちは、現役時代の僕と同じく、決して身体的に恵まれているわけではありません。当然のことながら、学業との両立も求められます。このように、さまざまな制約の中で勝利という結果を目指しているチームは、東大に限らず日本国中にたくさんあると思います。言いかえれば、東大野球部の成功や失敗には、ほかの多くのチームにも参考になるヒントがたくささん隠されているということです。

僕が2年間のコーチ在任中、東大の野球部員に何をどう伝えてきたか、どのような考えで、どんな練習をしてきたか。本書では、そんな僕の野球哲学のようなものを、指導日誌の形で記していきたいと思います。

また、2014年4月1日からは東京大学大学院総合文化研究科大学院研究生として、投球や打撃フォームの研究をさせていただきました。15歳で甲子園のマウンドを踏んで以来、23年間のプロ野球人生を通して身につけた感覚や経験を、科学的に検証することで、今後の野球界のさらなる発展につなげたいと考えています。この春、僕はその大学院を修了しました。

「教え」と「学び」の両方を追い求めた東大での「挑戦」を、これから本書でお伝えしていきたいと思います。

桑田真澄

東大と野球部と私――目次

第4章 大事なことは「明日」と「次」

——指導日誌③ 2014年春季リーグ

第5章「1勝」をつかみとるために

――指導日誌④　2014年秋季リーグ

第6章 科学の視点から野球を再認識する
――研究と指導現場の融合を目指して

カバー＋本文写真／津田 聡 本文写真提供／報知新聞社（特記以外）
装丁／ＦＲＯＧ ＫＩＮＧ ＳＴＵＤＩＯ

第1章

「野球伝来」のチームだからこそ

——日本の野球は東大から始まった

届いた「勝利」の知らせ

東大野球部にとっても、僕自身にとっても、待ち望んでいた日でした。

2015年5月23日、東大は法大に延長10回の末に4‐2で勝利し、ついに連敗をストップしたのです。2010年10月2日、秋季リーグの早大2回戦で勝利して以来、11年春から14年秋までの4年間は全敗。15年春季も8連敗を喫しており、続いていた連敗は東京六大学ワーストの「94」。実に、1694日ぶりの白星でした。

歴史的な勝利であったことは、テレビのニュースや翌日のスポーツ新聞だけではなく、一般紙が大きく取り上げていたことからもわかりました。僕は海外に滞在中で、その瞬間を球場で見ることはできませんでしたが、日本で試合を観戦していた報知《ほうち》新聞の記者さんが勝利の直後にメールで連絡をくれました。特別コーチとして在籍した2年間で目標としていたリーグ戦での勝利を実現できなかったことは残念でしたが、それでも一緒に汗を流した監督や選手のことが頭をよぎり、自分のことのように嬉しく思いました。

2年間における指導の間、0‐1で負けた試合が二度あったように、全40試合の中には接戦のうえでの惜敗もいくつかありました。大敗のほとんどは守りのミスがきっかけで大量点を奪われる試合でしたが、15年春はリーグ最少の3失策。守備力も大きく向上したことで得られた勝利だったのです。

特別コーチを依頼されたのは、2012年オフのことでした。巨人で21年間、メジャーリーグに挑戦して2年、あわせて23年の現役生活を退《しりぞ》いてから、僕はボーイズリーグなど少年野球の指導に力を注いできました。その一方で、プロ野球経験者が高校や大学など学生野球を指導することは、プロアマ規定（学生野球団体に加盟する高校生・大学生が、プロ野球関係者から直接指導を受けることができないという規定）が厳しくてなかなか自由にはできない状況でした。しかし、大学野球には2年間の特別コーチという制度がありました。PL学園時代のチームメイトで、すでに東大野球部の指導に当たっていた今久留主成幸《いまくるすなりゆき》君（元横浜ほか）から「力を貸してくれないか」という申し出があり、その役目を引き受けることにしたのです。

その時点で、東大は46連敗中。当時の連敗記録は、やはり東大が1987年から90年に記録した「70」でした。これを更新する前に、「1勝」を挙げることが当面の目標でした。幸いなことに、僕はプロアマの現役生活を通して素晴らしい勝利の瞬間を何度も経験させてもらいました。もちろん、スポーツの価値は勝敗だけではないのいでした。

ですが、厳しい練習も一つの勝利で報《むく》われるものです。勝つ喜びを、一回でも多く東大のみんなに経験させてあげたい。それが、オファーを受けたとき真っ先に抱いた思いでした。

残念ながら、東大野球部に入部する選手で、高校時代に甲子園で華々《はなばな》しく活躍した選手はほとんどいません。一方、東京六大学野球連盟に所属する他の5大学は、付属校からの内部進学やスポーツ推薦などの制度を活《い》かし、過去に実績のある選手がズラリと顔を揃《そろ》えています。13年春季リーグ時点で甲子園経験者は、明治50人、法政41人、早稲田34人、立教34人、慶応28人、そして東大0人というのが実情でした。

しかし、指導を始めた当初はそれなりの自信がありました。なぜなら、野球は身体能力や技術力だけではなく、頭を使うことも重要なスポーツだからです。何も考えずに力任《ちからまか》せに投げて、来た球をガーンと打ち返す。そんな力勝負だけで勝てるほど単純なスポーツではありません。ルールも他の球技に比べて複雑ですし、1球ごとに試合の状況が変わるので、選手一人ひとりに状況判断力や決断力が問われます。

東大野球部は最難関の入学試験を突破した選手だけで構成されています。浪人経験者もたくさん在籍しています。高校時代はそれなりの運動能力や体力があったとしても、浪人生活の間に衰《おとろ》えてしまった選手も多いと聞きました。ただし、思考力に関してはどの大学にも負けていません。過去の実績や身体能力では他の5大学に劣っていても、彼らが養ってきた思考力に僕が学んできた理論や培《つちか》った経験を加え、効率的な練習をしていけば、1勝はそう遠くないのではないか。僕の専門であるピッチングについても、球速を追い求めるのではなく、投手の基本であるコントロールを磨く合理的な練習法を実行すれば、技術も飛躍的に成長するのではないか。就任当初はそう考えていました。

ところが――。みなさんもご存じのとおり、現実は厳しいものでした。就任4試合目の春季リーグ戦では完全試合、秋にはノーヒットノーランを喫するなど、屈辱的な試合が続いたのです。

そんな中でも徐々に接戦ができるようになり、成長の手ごたえを感じたこともありました。しかし、投手が好投するのに打てない、勝負どころで手痛い守備のミスが出るなど、投打のかみ合わせがうまくいかない試合が続きました。その結果、46だった連敗が56、66、76、そして86連敗と積み重なり、とうとう2年間の特別コーチの期間中に「1勝」を果たすことはできませんでした。

勝敗という結果だけでなく、質の向上を目指した練習でも試行錯誤は続きました。僕たちコーチのアドバイスを活用して、競技力が向上した選手もいましたが、期待をかけた選手の意識改革が思うように進まず、歯がゆい思いをしたこともありました。しかし、選手たちは誰一人手を抜くことなく、一生懸命野球に取り組んでくれました。そんな姿を見ると、「なんとかもっとうまくさせてあげたい」「彼らに勝利の喜びを経験させてあげたい」という気持ちが、日に日に強くなっていきました。

「1勝」という結果こそ残すことはできませんでしたが、僕自身は東大の指導において後悔していることは何一つありません。もちろん結果は出たほうがいいに決まっていますが、出なかった結果は、あくまでその時点での結果にしかすぎないもの。そのときに努力したことが、将来的な結果につながればそれでいいと思っています。

僕が特別コーチの職を離れたシーズンで、東大の選手たちはついに1勝という目標を実現してくれました。新しく入った1年生の中にも、有望な選手が何人もいると聞いています。連敗ストップの場面に僕は立ち会えませんでしたが、僕と練習した時間が、勝利という結果を手にするうえで少しでも力になっていたのなら、それは僕にとって非常に幸せなことです。

特別コーチ就任を決意した二つの理由

先に記したように、東大でコーチをするきっかけを作ってくれたのは、ＰＬ学園時代に捕手として僕の球を捕ってくれていた今久留主君です。彼は横浜・西武で10年間捕手としてプレーし、２００９年には独立リーグ・信濃《しなの》グランセローズの監督に就任。２０１２年の11月から東大の特別コーチを務め、バッテリーを指導していました。そして、みなさんもご存じのとおり、元中日の谷沢健一《やざわけんいち》さんも打撃を指導されていました。

僕は少年硬式野球のボーイズリーグ出身（大阪の八尾《やお》フレンド）だったこともあり、２００４年に神奈川県で「麻生《あさお》ジャイアンツ」というボーイズリーグのチームを結成して、中学生の指導に当たってきました。そこでの指導もある程度の区切りがついたため、２０１３年いっぱいでチームを解散する予定にしていました。

そんなタイミングで、今久留主君から「一緒に東大の指導をしてもらえないか」と声を掛けられたのです。プロ野球の評論など日々の仕事がありますから、フルタイムでコーチに専念することはできません。でも、僕は性格的に、何事も中途半端な形ではやりたくない。時間の制約を考えたら、簡単に引き受けるわけにはいかないと思いました。

しかし、最終的にやってみようと決めた背景には、二つの大きな理由がありました。

一つは、ベースボールがアメリカから初めて日本に伝わったのが東大だったという歴史です。

日本にベースボールが伝来したのは1872年（明治5年）と言われています。第一大学区第一番中学（のちに開成《かいせい》学校と名前を変え、1877年に東大に統合）のアメリカ人教師ホーレス・ウィルソンが、校庭で学生たちを相手にプレーしたのが最初とされています。その後、英国人の英語教師フレデリック・ウィリアム・ストレンジがスポーツマンシップの精神を伝え、旧制一高の二塁手だった中馬庚《ちゅうまんかなえ》（「ちゅうま・かのえ」とも）が「ベースボール」を「野球」と訳しました。一言でいうと、日本の「野球」の原点を作り上げたのが東大野球部なのです。

当時、アメリカの「ベースボール」には勝てばいい、勝つために卑怯《ひきょう》なことも許されるという土壌があったそうです。一方、日本に伝わった「ベースボール」は、旧制一高で発展し、「野球」へと進化していきました。その「野球」はストレンジの影響を受けてスポーツマンシップの精神を受け継ぎ、フェアプレーが重視されたそうです。僕は、現役引退後にこうした日本の野球の歴史を改めて勉強していました。ですから、日本野球の原点であり、現在まで続く日本の「野球」の価値観を作り上げた東大でコーチできることを、とても光栄に思ったのです。

二つ目は、厳しいプロアマ規定がある中で、学生野球が指導できる機会を与えられたことに喜びを感じたからです。

すべてのプロ野球選手は、アマチュア野球で体力、技術、メンタルの基礎を築いたうえでプロの世界に入ります。ところが、選手として大きな成長が期待されるこの時期に、プロ野球経験者が培った技術や経験を教わることが、僕が特別コーチのオファーを受けた当時のシステムではきわめて難しかったのです。過去にプロアマ間で起きた問題に原因があるとはいえ、無限の可能性を秘めた「金の卵」たちに指導する方法はないのだろうか――。そんな問題意識を抱いていたこともあり、大学の硬式野球部に関われるのは有難いことだと素直に感じたのです。

また、指導の対象が日本で最難関の大学であるということも魅力的でした。野球は体力や技術だけでは勝てないというのが僕の信条です。練習では、より効率的・合理的な方法を常に考える。試合ではグラウンドコンディションや相手の特徴、何より自分自身の強みを把握《はあく》する。つまり、野球は頭でやるスポーツだということを実証するには最高の環境だと思ったのです。そして、東大野球部OBの方々や浜田一志《はまだかずし》監督にもお会いする機会があり、「ぜひ桑田さんに指導してもらいたい」と熱心にお声掛けをいただいたことも、僕の背中を押してくれました。

スポーツにはプレーする楽しさの先に、勝つ喜びがあります。東大の選手たちは難関の入学試験を乗り越え、伝統ある東京六大学でプレーする機会を与えられています。ただ、神宮球場で野球ができる楽しさはあっても、勝利の喜びに飢《う》えている状態にありました。僕も彼らと同様に、体格や人並み外れた才能に恵まれたわけではありません。でも、日頃の小さな努力やチームメイトのおかげで、学生時代に運よくたくさん勝利を経験することができました。プロ野球経験者の中でも、誰よりも勝利の喜びを知っていると言っていいかもしれません。ですから、努力しながらも結果が出ずに苦悩している東大野球部の選手に、一度でも勝つ喜びを実感させてあげたいと思ったのです。

練習初日・実技——「効率的な練習を取り入れよう」

２０１３年1月27日——。

東京都文京区の本郷《ほんごう》キャンパスにある東大野球部グラウンドで、特別コーチとして指導をスタートさせました。

午前8時55分、全面人工芝の球場に初めて足を踏み入れました。天気は晴、気温は4度ほどでしたが、風もそれほどなく、この季節にしてはプレーしやすい天候です。さあ、これから新しい挑戦が始まる——そんな、すがすがしい気分でした。

初日のグラウンドでまず感じたのは、選手の体格が予想以上にいいことでした。もっと体が小さくて細い選手が多いと勝手にイメージしていたのです。いい意味で期待を裏切られました。

この日は多くの報道陣が来ていたので、選手たちも緊張するだろうと思って、しばらくは何も言わずに黙って練習を見ているつもりでした。しかし、実際にはウォームアップから、ちょっとした改善を提案することになりました。

この日、東大の選手は38人が練習に参加していました。６人ずつ一列に並んで約30

メートルの距離でダッシュなどを繰り返します。第一列がスタートし、ゆっくりと戻ってくる。実はこの時間がもったいない。たった1分、あるいは数十秒のことかもしれませんが、その積み重ねが練習全体では何時間にもなります。そこで、戻ってくるときにはダラダラと歩くのではなく、腕を回すなどその後に行なうストレッチをしながら戻るよう、コーチを通して伝えました。たったこれだけの工夫で、チーム全体の無駄な待ち時間がなくなるのです。

キャッチボールでは、「さあ、行こうぜ！」と大きな声を掛け合っていましたが、途中から声を出さずに投球・捕球動作に集中するよう伝えました。キャッチボールは野球の基本中の基本。日本では指導者が１００人いたら１００人とも声を出せと言うはずです。

しかし、考えてみてください。人間は集中して何かをするときに声を出すでしょうか。針の穴に糸を通すときに「さあ、行こうぜ」と言いますか？　黙って集中してやりますよね。書道家が繊細《せんさい》な字を書くときに大声を出しますか？　おそらく静かに気持ちを集中させますよね。それと同じで、**キャッチボールでは自分の身体感覚に耳を傾けてほしいのです。**

投球フォームでは軸足への体重の乗り方、前足への体重移動のタイミング、左肩が

キャッチボールでは声を出さない
(東大野球部のグラウンドで)

開くタイミング、リリースの瞬間の指先へのボールのかかり方など、神経を張り巡《めぐ》らせるポイントはいくつもあります。捕球する選手も、早く投げる体勢に入るためのステップワークや、捕球時にいい音が鳴るかどうか、握り替えのスムーズさなど、1球1球確認してほしいのです。

ただし、すべてにおいて静かにやれということではありません。試合中にフライを捕るときには「OK!」「任せた」と意思表示することが必要なので、練習のときから大きな声を出す習慣を身につけるべきです。

キャッチボールの次は、守備練習です。東大野球部を強くするために僕に与えられた役目は、まず投手力を含めた守備力を向上させること。投手が打ち取った当たりを守備陣が確実にアウトにすること。この二つが、東大野球部が「1勝」という目標を達成するために最も大切なことだと考えていました。

ノックはすべて、僕自身が打ちました。取材に来ていたメディアの人たちは、ノッカーが大きな声を出し、野手がユニホームを泥だらけにしながらボールに飛びつくようなパフォーマンスを期待していたかもしれません。しかし、僕がノックをするときは、そんな派手な打球は1球も打つことなく、一貫して正面のゴロを続けました。なぜなら、野手の間を抜けていく打球はヒットだからです。試合で勝つために大切なのは、正面に来た打球をきっちり捕球して確実にアウトにすること。絶対に捕れないノックを繰り返したところで、チームの守備力すなわちアウトを取る能力は上がらないのです。

ただし、正面の打球だからといって簡単だというわけではありません。内野ゴロの多くは打者がタイミングを外された打ち損じです。したがって、ボテボテの打球や変な回転のかかった打球が多いのです。高いバウンドやスライスしていく打球。そのような捕りづらい打球に対応する能力を高めて、確実にアウトを取っていくことが重要です。

正面のゴロを確実に処理するために――
ノックバットを振る

ノックの後、僕は自《みずか》ら内野の守備位置に就《つ》いてノックを捕球する側に回りました。東大のグラウンドには内野に人工芝が敷《し》かれています。実は、人工芝でも見えないイレギュラーがあるものなので、その度合いをチェックしに行ったのです。僕はアマチュア時代から、試合前には必ず風向きとグラウンドコンディションを確認していました。打ち取るためのコースや配球が変わってくるからです。

するとノックを受けていた僕の姿を見て、浜田監督が「桑田さんの後ろへ行って、動きを真似《まね》してみろよ」と選手たちに指示を出しました。内野ゴロをさばく僕の後ろで、選手たちが同じ動作を真似るという、ちょっと不思議なシーンになりました。

僕が指導をするうえで、他の指導者と違う点を挙げるとすれば、まだまだ体が動くことでしょう。現役を引退してからも少年野球などで選手と一緒に動いていたおかげで、現役時代とさほど変わらない動きを繰り返すことができます。

プロ野球選手は、引退してもバットやグラブなど道具を扱う技術はそれほど衰えません。たとえば、ＯＢ戦などでは、年配の方でもいわゆる往年のバッティングを披露されています。しかし、肩や脚など、体の筋力は衰えてしまいます。ＯＢ戦で、名選手がせっかく鋭い打球を打っても足がもつれて倒れてしまったり、肩が弱ってボールを投げても塁間が届かなかったりといった場面をご覧になったことはありませんか。人間の体は正直です。日頃から鍛えていないと、とたんに弱ってしまうのです。

まだまだ動ける僕ができること。それは、実際に動きを披露してみんなに見てもらうことです。口であれこれ言うよりも、見ればすぐわかることがある。〝百聞は一見にしかず〟なのです。

守備練習の後にはマウンドに立ち、ピッチングを披露しました。その目的もまた守備練習と同じです。僕の投球を実際に目の前で見てもらうことによって、耳で聞いたことと実際の動きを頭の中で一致させてほしかったのです。また、全4人の捕手には交代で球を捕ってもらいました。ボールの回転やキレが東大の投手とどう違うのか、捕手にもそれを実感してほしいと思ったのです。

おそらく、スピードは120キロ程度しか出ていなかったでしょう。しかし、見せたかったのはスピードではなく、ボールの回転や角度、伸び、キレです。回転がよければ、120キロの球でも速く見えることをわかってほしかったのです。

そして、もう一つ注目してほしかったのがコントロールです。制球をよくするために、1球ごとに繰り返す作業があることを伝えました。

最初に行なうのが『準備』です。「アウトコース低めに投げるために、頭が突っ込まないように気をつけよう」と投げる前に1球ずつテーマを決めて準備するのです。投げた後には、「アウトコース低めに狙《ねら》ったけれど、真ん中高めに行った」という『実行』の結果がすぐに出ます。その実行に対し、捕手から返球を受けて次の投球動作に入るまでのわずかな時間に「なぜ真ん中にシュート回転してしまったのか」「頭の突っ込みはなかったが、左肩の開きが早かったな」と『反省』をします。そして、その反省を活かし、「次の球をアウトコース低めに決めるためには、左肩の開きを少し遅らせせよう」と、再び『準備』『実行』するのです。

このように、**野球選手はプレーが止まる1球ごとに、『準備』『実行』『反省』というプロセスを繰り返します**。練習では、このプロセスを「やりきる」ことが大切で、結果はそこまで気にしなくてかまいません。そして試合では、練習でやりきったプロセスを、自信を持って実践するのです。

投手は、イニング、点差、風向き、打者のタイプ、自分自身のその日の調子などの状況を1球ごとに考え、結果に対して反省を繰り返すのが仕事です。気合や根性といったメンタルタフネスも必要ですが、東大のようなチームが格上に勝つためには、常に考えてプレーすることが勝利への近道なのです。

神宮球場のマウンドで狙ったところに投げるには、練習試合や紅白戦で、それができなければならない。練習試合や紅白戦でできるためには、ブルペンでの投球練習でできなければならない。ブルペンでできるには、キャッチボールで狙ったところに投げなければ難しいのです。こうして逆算して考えていくと、キャッチボールがいかに大切で、投手の基本中の基本であるかが理解できると思います。東大の選手には、150キロを超える速球や消えるような魔球を投げられる投手はいません。ですから、コントロールで勝負するしかないのです。

こうして「効率的な練習方法」をテーマに、この日から東大野球部と僕の挑戦が始まりました。

座学① 総合力をつけよう

初日のグラウンド練習は3時間で終了しました。昼食後は、教室に移動して1時間半の講義を行ないました。講義では、僕がこれまでの経験から得た投手としての野球理論や、今後の指導における基本的な考え方を紹介しました。言ってみれば「座学」です。

東大の指導に講義を取り入れたのは、野球の練習は量や時間ばかりが大事なのではなく、頭で理解することが上達の近道だと思っているからです。現在では昔と違い、一コマ送りの超スロー映像で自分たちのフォームを確認することもできます。グラウンドを離れたところで、頭の中のイメージと実際の動きのギャップを埋める作業を行なうことも、上達のためには必要だと考えました。

初日の講義では、僕の基本的理念であるスポーツマンシップの考え方について、そして、ピッチングの常識を疑って練習することについてお話ししました。これから、その講義の内容を紹介します。

＊　＊　＊

《見てわかるとおり、僕の体は決して大きくありません。プロ野球の世界ではむしろ小さいほうです。それに、ずば抜けた能力を持っていたわけでもありません。150キロの球も、消える魔球も投げられなかった。そんなハンデを抱えながらも、僕は日本のプロ野球やメジャーリーグで、自分よりはるかに体の大きい人、パワーのある人たちと戦ってきました。それができたのは、僕が「総合力」で戦ってきたからです。

これは、東大のみなさんと共通するところがあると思います。他の大学の選手たちは、高校での戦績や体格、技術はみなさんより上でしょう。でも、みなさんも彼らと対等に戦えるはずだと僕は思っています。なぜなら、僕自身もハンデがある中で、総合力という武器を見つけて戦ってきたからです。その方法のすべてを、これからの指導で時間をかけてお伝えしたいと思います。

野球で勝つための特効薬はありません。これをやったら劇的に上達するという方法はありません。だからこそ、練習では貪欲《どんよく》にコツコツと小さな努力を積み重ねて続けていくしかありません。そして、試合では自信を持ってプレーすること。「俺は無理だな」と思っていたら絶対に無理。グラウンド上では「俺はできるんだ」と思うこと。実生活でも「今までできなかったけれど、これからは変わるぞ」という気持ちを持ち続けることが大切です。

野球をするためには基本的な体調管理も重要です。今日の練習中にも「風邪《かぜ》を引かないよう、汗をかいたらすぐに着替えてください」と言いました。総合力で勝つためには、常にベストコンディションで練習や試合に臨《のぞ》む必要があります。少しでも体調を崩してしまったら、それができません。「そんなの大丈夫」と思うかもしれないけれど、みんなずば抜けた選手ではないのだから、そういう些細《ささい》なこともきちんと考えていかなくてはいけません。

ベストコンディションで臨むということは、肩やヒジや腰などの故障や怪我を少なくすることも意味しています。そのためには、効率的・合理的なフォームを身につけなくてはなりません。今日、みなさんの練習を初めて見せてもらいましたが、肩やヒジを痛めそうな投げ方をしている人がたくさんいました。当たり前のことですが、故障や怪我をしたらいいプレーはできません。どうしたら故障や怪我をしない、いいフォームが身につくのか。どうしたら筋力や柔軟性が高まるのか。そのためにどういうトレーニングが必要なのか。

どんなに優れた選手でも、故障や怪我をすると活躍することが難しくなります。松《まっ》井《い》秀喜《ひでき》君（元巨人・ヤンキースほか）が昨年（2012年）暮れに引退しました。そのきっかけの一つは、ヒザの故障です。松坂大輔《まつざかだいすけ》君（ソフトバンク）も、昨年成績を残せなかった。それは、ヒジを壊したからです。怪我を最小限に抑えること、故障を未然に防いでいくことが、いかに大切かわかりますね》

講義メモ

東大野球部が「1勝」を達成するためには

＊「総合力」で戦う。
＊練習では貪欲にコツコツと、試合では自信を持ってプレー。
＊体調管理をしっかり行ない、常にベストコンディションを保つ。
＊怪我・故障予防のために、効率的・合理的なフォームを身につける。

座学②　現代の野球道を知ろう

《さて、ここで少し、僕の指導理念についてお話しさせてください。僕は、早稲田大学大学院で、日本のアマチュア野球界の指導理念について修士論文をまとめました。いろんな考えはあるでしょうが、僕は日本のアマチュア野球界の指導理念となっている「野球道」の根底には「武士道精神」があったと考えています。そして、その具体的な価値観として、「練習量の重視」「精神の鍛錬《たんれん》」「絶対服従」の三つがあったと考えています。

「練習量の重視」とは、1000本ノックや1000回の素振り、投げ込み、走り込みといった、量ありきの練習方法です。「精神の鍛錬」とは、たとえば水を飲ませないなど、気合や根性を強調して精神を鍛えようとする考え方です。「絶対服従」とは、監督や先輩など年上の人の存在を絶対視する発想です。

僕は修士論文のなかでこの指導理念を**「誤解された野球道」**と名づけたのですが、こうした指導理念が定着した背景には、実は戦争があったそうです。戦前から戦時中にかけて、当時の軍部や政府が野球を弾圧しました。そんな中、学生野球指導者の飛《とび》田穂洲《たすいしゅう》氏をはじめとする野球の先人たちが、戦争中でも野球を続けられるよう、練習量の重視・精神の鍛錬・絶対服従の価値観をあえて前面に押し出し、「野球は強い兵隊を養成するのに役立つスポーツだ」とアピールしたのです。つまり、「誤解された野球道」は、戦争から野球を守るための〝苦肉の策〟だったというのが真相だったようです。飛田氏は、戦後になると「これからは新しい時代だ」と宣言したのですが、復員した軍人や飛田氏を乗り越えようとする人たちが指導者、先輩選手、審判などを務めた結果、終戦後もその価値観が継承されてしまったのです。

飛田氏が指導者だった時代は、スポーツ医科学が未発達だったので、今から考えると非科学的な教えもあったのだと思います。

僕が高校生の頃ですら「水を飲んではいけない」と言われ、練習中には絶対に飲ませてもらえませんでした。当時は、水を飲んだら「根性がなくなる」とか「うまくならない」と言われていたのです。でも、練習したら当然水が飲みたくなりますよね。僕たちは、隠れてトイレの便器の水を飲んでいました。手を洗うところで水を飲みたかったのですが、水が出ないように蛇口《じゃぐち》が針金で縛《しば》られていたのです。それで仕方なく便器にたまっている水を飲みました。三塁側のトイレは唯一の水飲み場だったので、そこで用を足す人はいませんでした。先輩や監督に「トイレに行ってきます」と言って、そこでみんな順番に飲んでいました。でも、今は違いますよね。体のためには水分補給をしたほうがいいと科学的にわかっているので、練習中にも水を飲みなさいと言われる時代です。

また、休むことについても誤解がありました。練習の量を追求するあまり、1日中トレーニングをしたら体力は低下し、筋肉は破壊されたままになってしまいます。練習した後に栄養を摂《と》って十分に休養することで「超回復」が起こり、筋肉が再生して体力やパフォーマンスが上がるのです。スポーツ医科学の進歩により、昔はわからなかったことが解明されてきている。そんな科学の発展の成果を活かすことで、ライバルに打ち勝つことができるのです。そろそろ日本の野球界の指導理念を時代に合わせて変えていかなくてはなりません。

そこで僕は、「武士道精神」を今の時代に合わせて「スポーツマンシップ」と置き換えました。これだけスポーツ医科学が進歩しているのですから、「練習量の重視」は「練習の質の重視」に置き換えられるでしょう。短時間に集中して効率的・合理的な練習を行ない、栄養を摂って休む。それが、パフォーマンスを上げる秘訣だと僕は思っています。毎日1000回の素振りをしているプロ野球選手で、長くレギュラーで活躍し続ける選手はいません。一流選手は常にベストコンディションで試合に挑《いど》めるよう、練習・栄養・休養のバランスを取るように心がけているものです。

僕はスポーツ医科学を自分で勉強し、こういった事実を知るずっと前、高校生の頃から、実はこの方法を実践してきました。というのも、僕には成功体験があったのです。僕は1年のときに甲子園の出場メンバーに選ばれましたが、7月から夏の大会までの間は「メンバー練習」と呼ばれる3時間のみの練習メニューを実践していました。その間に、僕は飛躍的に上達したのです。そこで、監督にお願いして1日の練習時間を2～3時間に切り替えていただきました。また、投手は当時、毎日ピッチングをするのが当たり前だったのですが、僕は投げ過ぎによる故障を予防するために、ノースローデーを自ら作っていました。将来プロで活躍したかったので、自分の体を守りたいと思ったのです。

それでは、二つ目の「精神の鍛錬」は何に置き換えられるでしょうか。鍛錬だけで、マウンドや打席でいいプレーができるでしょうか。必要なのは平常心や冷静さ。それは「心の調和」、つまりバランスですね。心の調和を保つためには、野球以外のことが非常に役に立つと僕は考えています。それは、「勉強」と「遊び」です。

野球選手は野球だけやる——昔はそれで通用したかもしれませんが、今はそういう時代ではありません。**実は、勉強も遊びも、すべて野球のためになるのです。**

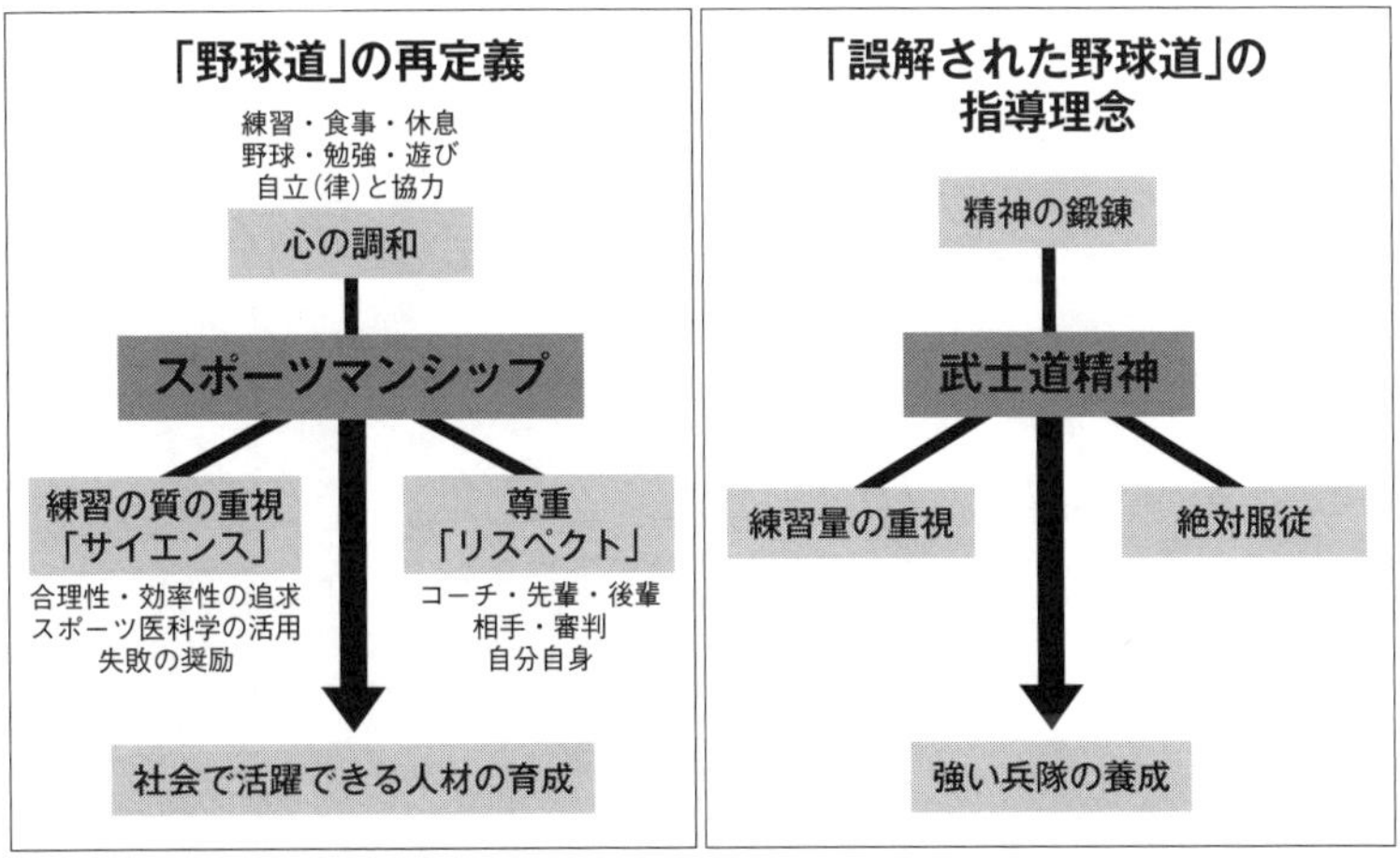

日本のアマチュア野球界の指導理念の背景には、戦争があった（図右）。「誤解された野球道」を時代に合わせて変えていこう

野球は体力と技術だけの勝負ではなく、考えることがとても重要なスポーツです。監督とコーチがサインを出して、選手はその指示を待つだけだと思っている人が多いようですが、実際にプレーするのは選手自身です。常に風向きを確認して、守備位置を変える。状況に応じたバッティングに徹する。その瞬間、瞬間に決断して実行するのは選手なのです。

普段から自分で考えて行動することを身につけておかないと、絶対に優れた選手にはなれません。こうしろ、ああしろと言われて言いなりになる選手はよい選手になれないのです。プロ野球の2軍にはすごい体力や技術を持った選手が大勢いますが、自分で考えられない選手は1軍では活躍できません。その「自分で考える」という技術を養《やしな》ってくれるのが、勉強であり、遊びなのです。

遊びというのは単に飲み歩いたりすることではなく、友達づきあいや恋愛を通じて相手が何に喜ぶのか、嫌がるのか理解することです。たとえばデートのときに、彼女がこんな表情をした、こんなことをしてあげたら態度が変わったなど、注意深く観察してみてはどうですか。「打者が前の打席と立つ位置を変えたぞ、変化球狙いかな?」「なんだかソワソワして落ち着きがなく、前の打席と表情が違うな。エンドランのサインが出ているのかな?」と気づけるようになるかもしれません。恋愛からも、野球に必要な要素を学べることがあるのです。

実は、アマチュア野球選手の問題点は、100年も前から指摘されています。勉強しない、素行《そこう》が悪い、ヤジが汚い。こうした欠点はいまでも根強く存在しています。野球選手はグラウンドでさまざまなことを学びますよね。ボールに食らいついて最後まで諦《あきら》めないこと、最後までベストを尽くすこと、相手を思いやること、助け合うこと、そして努力の大切さ。でも、ひとたびグラウンドを離れたら、学んだことを実践できない人が多い。学校でも諦めないで授業に食らいつく。人生において、何度挫折《ざせつ》しても自分の夢や目標に向かって食らいつく。これが真のスポーツマン、真の野球選手だと僕は信じています。

トップにならなくてもいい。自分なりのベストを尽くす。これがスポーツマン、野球選手の在《あ》り方ではないでしょうか。

1球1球集中して練習をしましょう。疲れても、その日のベストを尽くしましょう。眠くても授業はしっかり聞きましょう。そして、時間があれば彼女とデートしましょう。勉強や遊びから、野球に活かせることをたくさん学び取ってください。現役選手としてプレーしている間は、何でも野球のために活かすべきです。グラウンド内だけではなく、学校や人生において、いろいろな場面、局面に野球の上達方法があると思っておいてください。それが、「心の調和」につながります。

さて、武士道精神の三つ目である「絶対服従」はどうでしょうか。これは、「尊重、リスペクト」に置き換えられると思います。

野球はルールに則《のっと》ってプレーしますが、僕がプロ野球選手としてプレーしていた頃、先輩や指導者によくこう言われました。

「おまえはボールが速くないし、きれいな回転、きれいなフォームだからプロでは通用しないよ。だから1試合に1、2球打者に当てろ。そうしたら打者が死球を嫌がって踏み込んでこないから」

僕は、そんな卑怯《ひきょう》なことをして勝っても何の価値もないと思いました。スポーツマンである以上、正々堂々とルールに則ってやらないといけない。ルールでギリギリOKだったら何をやってもいいわけではない。みなさんにもリーグ戦で勝ってほしいと思いますが、ずるいことや卑怯なことをしてまで勝つことに価値はありません。スライディングで足を上げて、相手チームのレギュラー選手に怪我をさせる。そんな野球は絶対にしてほしくないのです。ルールはもちろん、コーチ、チームの先輩や後輩、審判、OB、すべてをリスペクトしてプレーする。それが、スポーツマンとしてあるべき姿です。試合で審判に文句を言うのもダメです。今までやっていたのなら、これからはやめましょう。

僕はヤジが嫌いです。学生時代からたくさんヤジられてきましたが、人をヤジったことは一度もありません。プロに入ってから「お前もヤジれ」と先輩に言われましたが、「僕はやりたくありません」と拒否しました。みんなで一人の選手をヤジることは、スポーツマンのすることではない。だからヤジもやめましょう。東大ではやっていないと思いますが、もしやっているならやめてください。

そして、何より自分自身をリスペクトしてください。自分のいちばんの応援者は自分自身です。野球の試合では、マウンドで、打席で、守備位置で、誰も助けてはくれませんｊ。たとえ5万人のファンが応援してくれていても、自分に自信がなければいいプレーはできない。僕はマウンドでそう感じていました。自分を信じることが何よりも大切。**自分を含むすべての人にリスペクトする気持ちを持ってプレーしてください。**

スポーツマンシップを基本的な考え方として、サイエンス（練習の質の重視）・バランス（心の調和）・リスペクトを追求することが、今の時代に適応した野球道だと考えています。この「現代の野球道」を通して、僕がみなさんに求めること。それは、社会で活躍できる人材になってもらいたいということです。将来プロ野球選手になるのもいいでしょう。あるいは起業する、官僚になる、メディアの世界で働く、どんな世界でもかまいません。野球で学んだことを活かして、社会で活躍できる人材になってほしいのです。そして、これは僕の願いですが、どんな世界に行ってもずっと野球を好きでいてもらいたい。そして、自分を育ててくれた野球に、ほんの少しでも恩返ししてくれたら嬉しいのです。大きなことをする必要はありません。結婚して子どもができたら、野球を教えてあげる。それだって、野球界にとっては大きな貢献です。

今日から僕はみなさんの一員ですから、「我々」という言葉を使わせてもらいます。はっきり言って、我々は他の5大学より実力が落ちる。だから勝てない。それなのに、たくさん練習をして、疲れた状態で試合に行って勝てるでしょうか。実力が落ちるからこそ、我々は常にベストな状態で試合に挑まなくてはならないのです。

故障を抱えている、疲れを残している状態で練習してはダメです。うまくなるためには、毎日ベストの状態でいなければなりません。バットを1000回振って手首、ヒジ、腰が痛い。それでも、また次の日も1000回振ってしまうから、故障や怪我をして練習ができなくなる。これではいつまでたっても差が広がるばかりです。実力の差を少しでも縮めるためには、効率的な練習法で故障を防ぐことが大切です。ですから、スポーツ医科学も勉強していきましょう。練習・栄養・休養のバランス。そして、野球・勉強・遊びのバランスを保ちながら、競技力を高めていきましょう》

講義メモ

＊誤解された野球道は「武士道精神」に基づくもので、「練習量の重視」「精神の鍛錬」「絶対服従」から成り立っていたが、これは戦争中に野球を守るための苦肉の策だった。

＊これからの野球道は「スポーツマンシップ」に基づいて、「練習の質の重視」「心の調和」「尊敬・リスペクト」を目指すべき。
＊これからの野球道を実践するために大事なのは、「練習・栄養・休養」のバランスと、「野球・勉強・遊び」のバランス。
＊現代の野球道を通して、社会に役立つ人材になることがゴール。

座学③ ピッチングを学問する

≪ここからは、ピッチングの実技についてお話ししていきます。僕は中学1年で本格的に投手を始めてから引退するまでの間、「投手にとって大事な筋肉はどこか」「体の使い方はどうすればいいか」といったことをずっと研究し、練習方法を自ら考えて現役生活を送っていました。興味のある人には僕の方法を具体的にお伝えしますが、それが唯一の正解ではありません。上達する方法は一つではなく、たくさんあります。どんな方法が自分に合うのか、これから話すことを参考にしながら、自ら考えて、選択して、実行してもらえればと思います。

僕がいちばん大事にしてきたのは、**これまで〝野球界の常識〟とされていたことを、「本当に正しいのか？」と疑ってみることです。そして、自分で仮説を立てて、検証してみること**です。そのプロセスを経《へ》て、僕は自分なりのピッチング理論を構築してきました。みなさんも、そんな視点を持ちながらこれからの話を聞いてください。

　さて、みなさんは、野手と投手のいちばん大きな違いは何だと思いますか。グラウンドでプレーするうえで、何がいちばん違うのでしょうか。その答えは傾斜です。野手は、打撃も守備も走塁も平地でプレーしますよね。それに対して、投手はマウンドという傾斜地でプレーします。わずか約25センチの傾斜（高低差）ですが、その上でプレーすることが実に難しいのです。

　プロ野球選手の多くは投手出身です。イチロー選手（マーリンズ）、松井稼頭央《かずお》選手（楽天）が高校時代に投手だったことは、みなさんもご存じでしょう。高橋由伸《たかはしよしのぶ》選手（当時・現巨人監督）、村田修一《むらたしゅういち》選手（巨人）、糸井嘉男《いといよしお》選手（オリックス）、雄平《ゆうへい》選手（ヤクルト）、今宮健太《いまみやけんた》選手（ソフトバンク）もそうでした。彼らは、なぜ野手に転向したのか。バッティングがすごかったからでしょうか。確かにそれもあるでしょう。しかし、もし彼らがものすごい投手だったら、プロ野球でも投手をやっているはずです。彼らがマウンドという傾斜を活用しきれなかったということも、十分考えられるのではないでしょうか。

僕のことを「桑田さんは別格だ」と言う人もいるのですが、僕は決してずば抜けた選手ではありませんでした。だからこそ、野球界の常識を疑い、発想を転換し、総合力でここまでやってきたのです。みなさんは〝できない〟のではありません。その方法をまだ〝知らない〟だけです。方程式の公式を知らなければいつまでたっても解けないけれど、公式がわかれば簡単に解ける。それと同じです。まだ、やり方、考え方、体の使い方を知らないだけ。それを知りさえすれば、上達のスピードが格段に上がるのです。

ところで、いい投手とはどんな投手でしょうか。速い球を投げることが絶対条件ではありません。速い球を投げることは、確かにいい投手になるための要素の一つではありますが、それがすべてではありません。１５０キロを投げたらアウトを取れるというルールであれば、スピードを求めるべきでしょう。でも、野球はそういう競技ではありません。そう、**いい投手とは、打者を打ち取ることができる投手**なのです。そのために必要なのは、コントロールされたキレのあるストレートと変化球です。球速は１３０キロ程度でもいい。１３０キロでもキレとコントロールがあれば絶対に抑えられます。スピードガンの数字に騙《だま》されないのだということを、頭に入れておいてください。

コントロールされたキレのあるストレートと変化球を投げるためには、自分の持っている力を、リリース時に効率よくボールに伝えなくてはなりません。そこで大切なのが下半身です。逆立ちをして2、3キロ歩けと言われても歩けないですよね。でも、足でなら歩ける。下半身の力はそれだけ強いのです。野球界の先人が、「投手は走って下半身を鍛えろ」、「腹筋、背筋をしろ」と言うのは、体全体の力をボールに伝えるためには手首や腕だけを使った小手先のテクニックではダメだからです。股関節に体重を乗せて、そこを支点に下半身の大きな筋肉の力と柔軟性を使って効率的・合理的なフォームで投げることで再現性が高まるのです。そして、それによって疲労も少なくなり、故障や怪我のリスクも少なくなります。

野球の指導書には、いろんなことが書かれています。「足を高く上げなさい」「つま先は上に、下に」「両肩は地面と平行に」「上から投げ下ろせ」「トップを高く早く作りなさい」……どれも正解に聞こえますよね。みなさんもこれまで、指導者にいろいろなことを言われてきたと思います。すべて、過去の優れた投手が言ったことが本になっていて、みなさんも、そして僕もそういう本を参考にして野球をやってきました。

それが正しいと思ってやってきたはずですが、本に書かれたとおりに両肩を地面と平行にし、垂直に立って、トップを早く高く作って投げようとすればするほど、スピードも出ないしコントロールも安定しない。そのうえ、肩やヒジに疲労を感じる。でも、エースと呼ばれ、長くプロで活躍している投手をよく観察してみると、みんな反対のことをやっていた。そこで僕もそれを試してみたら、スムーズに投げることができたのです。中学、高校、プロとステージが上がるたびにいろんなことを言われましたが、僕はこの経験から「常識を疑い、仮説と検証を繰り返す」ことで、自分でピッチング理論を構築していくことにしました。

それでは、コントロールされたキレのあるストレートと変化球を投げられる、効率的・合理的なフォームについてお話ししていきましょう。投球の動作には大きく分けて4つの段階があります。まずは、それを確認していきます。

①　足を上げてバランスよく立つ。足の裏全体でバランスよく立つことが大事で、上げた足が高いか低いかは関係ありません。背筋を伸ばすことも気にしなくて大丈夫です。自分にとってバランスのいい立ち方をすればOKです。

②　右肩（左投げなら左肩）を落とす。これによって右（左投げなら左）の股関節に体重が乗ります。そして、お尻が捕手の方向に突き出る「ヒップファースト」の形になります。これは捕手側に突っ込まないよう、マウンドの傾斜の上でバランスをとるために必要な動作です。

③　右（左投げの場合は左）股関節に体重が乗った状態をできるだけ維持しながら、左（左投げの場合は右）の股関節に体重を移動させていく。

④　最後は着地、リリース、フォロー。着地の際は、左（左投げの場合は右）股関節にしっかりと体重を乗せる。

この4つのポイントがスムーズにできるようになれば、みなさんのピッチングは確実に変わってきます。野球の指導書を読んで真似してみても、いつまでたってもうまくならない。そんな思いをしたことがある人もきっといますよね。これまで当たり前と言われてきた常識には不自然な点が実に多いので、疑ってみて確認する必要があるのです。

投球フォームで特に誤解されているのは、肩の位置です。これまで出てきた多くの指導書には「肩を地面と平行に」と書いてありますが、肩を下げずにその形を作ると不自然な動作になり、故障につながります。右肩を落とせば、それだけでヒップファーストが簡単に作れます。頭の位置は自然に後ろに残り、それによって体が前に突っ込まず、リリースまで腕が加速する距離を稼げることになります。代表的なのは、伝説の大投手・沢村栄治《さわむらえいじ》さんです。昔の大投手がこんな投げ方をしているのに、どうして日本の指導では「地面と平行に」と言うようになったのでしょうか。

　マウンドには傾斜がありますよね。平地であれば真っすぐ立つことでバランスが取れますが、傾斜に対して真っすぐ立つと、頭は人間の体のいちばん高い所にあってしかも重いので、どうしても前のめりになってしまいます。前のめりになると腕が遅れてくる感じになるため、リリースポイントが視界に入らずコントロールが悪くなります。**右肩を落とすことで、傾斜に対してバランスよく立つことができ、体重は自然と右の股関節に乗って、加速の距離も稼ぐことができる。**そのまま体重移動すればリリースのときに体が前に出てくるので、コントロールも自然によくなるのです。

　沢村さんや、「神様仏様稲尾《いなお》様」と呼ばれた稲尾和久《かずひさ》さんに共通しているのも、やはり右肩を下げたヒップファーストです。垂直に立っている人は誰もいません。マサカリ投法の村田兆治《むらたちょうじ》さん（元ロッテほか）、トルネード投法の野茂英雄《のもひでお》君（元近鉄・ドジャースほか）のような変則フォームの選手でも、明らかに右肩が下がっていますね。黒田博樹《くろだひろき》投手（広島）、松坂投手など、現代の大投手もみんな右肩を落としています。ダルビッシュ有《ゆう》投手（レンジャーズ）は196センチから投げ下ろすイメージですが、落とし方は小さいものの、ちゃんと右肩を落としています。250勝のペドロ・マルティネス（元レッドソックスほか）、300勝以上のノーラン・ライアン（元アストロズほか）、350勝のグレッグ・マダックス（元ブレーブスほか）。メジャーリーグの大投手たちには速球派も技巧派もいますが、彼らに共通しているのも、やはり「右肩を下げていること」です。ニグロリーグの伝説の投手で、なんと2000勝もしているサッチェル・ペイジも同様です。

左腕では、400勝の金田正一《かねだまさいち》さん（元国鉄ほか）、350勝以上の鈴木啓示《すずきけいし》さん（元近鉄）、200勝以上の工藤公康《くどうきみやす》さん（元ダイエーほか）。共通点はヒップファーストで、左肩を落としていることです。中日の山本昌《やまもとまさ》さん（当時）はフォームが独特ですが、やはり左肩を下げて実にバランスよく立っています。メジャーでは、160勝以上のサンディー・コーファックス（元ドジャース）、360勝のウォーレン・スパーン（元ブレーブスほか）、2年連続でサイ・ヤング賞を獲得したクレイトン・カーショウ（ドジャース）も然《しか》りです。肩を下げることで頭が後ろに残る。誰もマウンドで真っすぐには立っていない。マウンドという傾斜にバランスよく立つ対応をするためです。大投手はみんなこうして自然とバランスをとっていたのです。

日米の歴代エースと呼ばれる投手たちは、誰も指導書のように投げていないことがわかりますよね。決して速いボールを投げているわけではなくても、右肩（左投げの場合は左）を下げることによって、①マウンドの傾斜に対応でき、②リリースするまでの加速する距離を稼ぐことができ、③ボールを打者に対して最後まで隠すことができるという、3つのメリットがあるのです。

肩は地面と平行ではなく、下げること。常識を疑おう
（ＰＬ学園時代の著者）　写真／産経ビジュアル

金田さんや鈴木啓示さんに直接聞いたことがあるのですが、ご本人たちは肩を下げている意識がなかったそうです。昔はスロービデオやコマ送りで映像を見ることができません。頼りになるのは、自分の感覚だけ。先ほどお伝えした「感覚と実際の動きのギ

ャップがある」というのは、まさにこういうことなのです。

また、みなさんは「トップは早く高く作れ」と教えられてきたと思います。しかし、マリアーノ・リベラ（元ヤンキース）、ロジャー・クレメンス（元レッドソックスほか）、誰一人としてトップを早く作っていません。ティム・リンスカム（ジャイアンツ）は、もう足が着地しそうなのにトップを作っていない。なぜトップを早く高く作れという教えになってしまうのでしょうか。前田健太《まえだけんた》投手（ドジャース）もトップは早く高くない。むしろトップなんて作っていない。黒田投手は投げようとしているのに、まだ肩より低い位置に右ヒジがある。杉内俊哉《すぎうちとしや》投手（巨人）は右足がもう着地しているのに、左ヒジは肩のラインより低い。常識とされていることも、画像を見てみると実はこんなに違うのです。

そもそも、トップとはどういう意味でしょうか。「いちばん上」という意味ですね。トップを早く高く作れと指導されますが、それを早く作るとリリースに向かってヒジが下がってしまいます。これ以上、上がないのがトップです。つまり**トップ＝リリースポイントでなければなりません。これが高ければボールに角度が出るので、打者は打ちにくいのです。**

大事なのはテイクバックの時点でヒジの高さを気にするのではなく、リリースのと

日米の大エースに共通するのは、右肩（左投げは左肩）を下げていること

沢村栄治
読売新聞社

金田正一
読売新聞社

クレイトン・カーショウ
Denis Poroy/Getty Images

サッチェル・ペイジ
AP／アフロ

きにいちばん高くすること。リリースまでヒジが低くても気にする必要はありません。右肩を下げるのだから、ヒジは肩より下にあって当然です。いちばん高いリリースポイントに向かって、バランスよくなめらかにヒジが上がっていけばいいのです。

ピッチングにおいては、「真っすぐ」「上から」「高く」「平行」「垂直」など、どれも正解のように聞こえる言葉ですが、歴代のエースと言われた投手の実際のフォームは決してそのとおりではないということを、ぜひとも頭に入れておいてください。

もう一つ、大投手に共通点を見つけることができます。それは**キャッチャーミットに対して早い段階で正対していない**ことです。背中を向ける、ひねるということではなく、右投手なら左の肩甲骨《けんこうこつ》でキャッチャーミットを見るような感じです。両目でミットを見ると体の開きが早くなり、早い段階から打者にボールを見せてしまうことになります。いい投手は横目で見ることで肩の開きを遅らせ、リリースまでボールを打者に見せないようにします。ここは大事なポイントです。

サインが決まり、目標、球筋、軌道を両目で確認し、投球動作に入ったら、その後はできるだけ横目で見ていく。そうすれば肩を入れてひねる必要がない。その感覚をつかんでほしいのです。バランスよく立って、右肩を下げてヒップファーストの形を作れば、必ず横目で見るような形になります。両目でしっかりミットを見る必要はありません。

みなさんの中にもオーバースローの投手が何人かいましたが、オーバースローすぎる人もいました。上から投げおろさなければという思いが強すぎると、そうなってしまい肩を痛めやすくなります。マエケン（前田選手）やマー君（田中将大《たなかまさひろ》選手）はオーバースローですが、顔と腕の距離を取っています。手を上げる場所も個人差がありますが、顔に近すぎると肩を痛めます。いちばん力が入りやすい位置を「ゼロポジション」といいますが、自分のゼロポジションを見つけて、そこから投げるようにしましょう。上すぎては力が入るどころか逆に入りません。これは野手にも同じことが言えます。

それからもう一つ。これまで効率的・合理的な投球フォームのポイントについて話してきましたが、フォームの細部まで突き詰めると、100人いれば100とおりの方法があります。たとえば、最初に足を上げるときのつま先の位置、上げる足の高さは、みんなバラバラです。実際に見てみると、ダルビッシュ投手、田中投手では、足が上げ気味・下げ気味とそれぞれ特徴があり、正解は一つではありません。つま先の位置や方向、足の高さは自分の好きなところでいいのです。通算303勝のランディー・ジョンソン（元ダイヤモンドバックスほか）、269勝のジェイミー・モイヤー（元マリナーズほか）ら、偉大な投手たちもみんな足の高さはバラバラです。

ステップの方法もさまざまです。山本昌さんは、ステップした足のつま先が大きく開きます。試合で投げ合ったときに、マウンドに残った足跡が左投手のものとは思えませんでした。しかし、昌さんはガニ股なので、つま先が開く着地でも昌さんにとっては真っすぐなのです。マー君はもともとやや内股なので、着地するつま先が少し内側に閉じている。要するに、ガニ股の人は少しつま先が開き気味になり、内股の人は閉じ気味になるという個人差が出るわけです。最も力を出しやすい場所を見つけることができれば、自分の好きなようにステップしていいということです。真っすぐがいいのか、開き気味なのか、普段の練習から力を発揮しやすいところを自分で見つけてください。

ただ、守ってほしいのは、**前足を踏み出すとき、軸足のつま先からかかとまでの約30センチの幅の延長範囲内に着地すること**です。踏み出した足がこの範囲より外にステップすると、腰や肩やヒジに負担がかかり痛める可能性が高くなります。1試合や1カ月、半年くらいは持つかもしれませんが、1年、2年、さらに何年もプレーすると故障や怪我のリスクが生じてきます。体格に恵まれていないのであれば、こういった細かいところもしっかり身につけなくてはなりません。

グラブの使い方も千差万別です。オーバースロー、サイドスロー、アンダースローなどフォームが違う中で、グラブを体のほうに巻き込む人、下に向ける人、外に向ける人などいろんなタイプがいます。どれが自分に合っているか研究して見つけましょう。

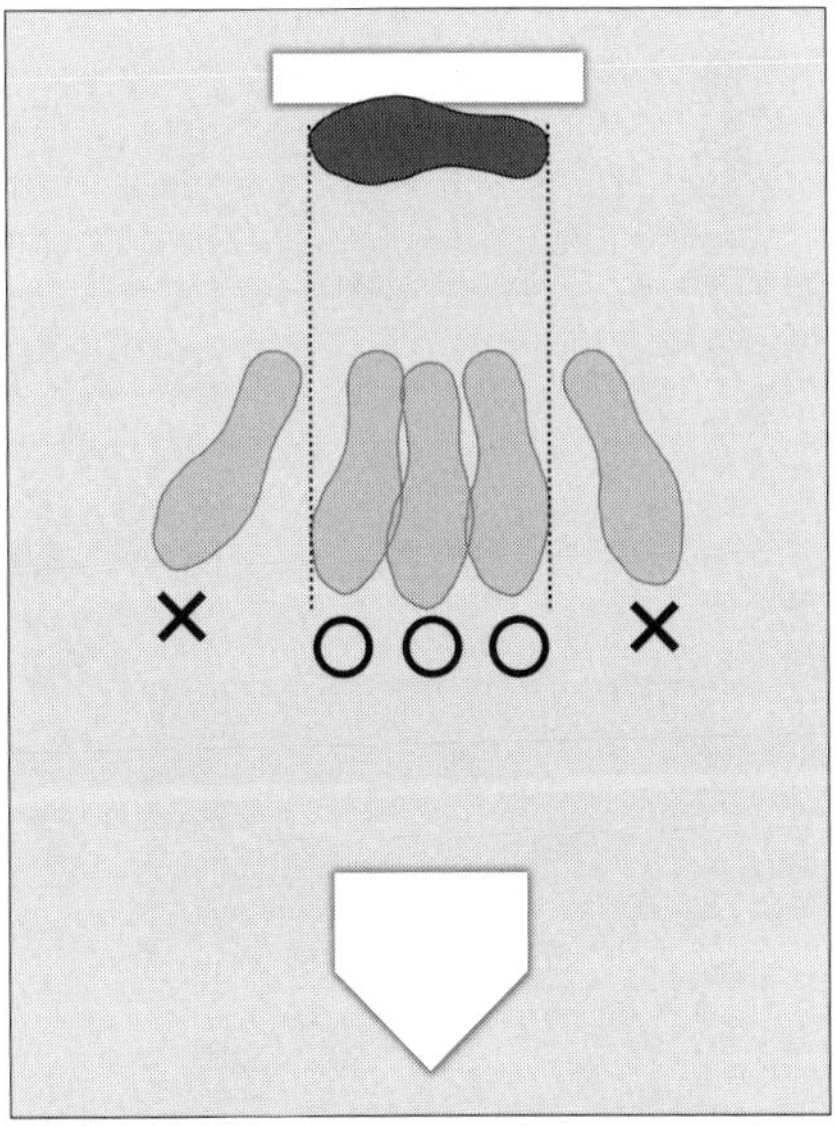

踏み出すのは軸足の幅の範囲内

では、ここまでのことを一旦まとめます。まず、バランスよく足の裏全体で立って、右肩を落としてヒップファーストを作る。体が開かないように体重移動をしていく。ポイントは両目ではなく片目でキャッチャーミットを見ること。一度、目を切ってもかまいません。僕は足を上げた後に一度、目を切ります。アウトローに投げると決めたら、頭の中で軌道をイメージしてリリースポイントからキャッチャーミットまで線を引いて一回切る。切ることで開かない状態を保ち、できるだけ長く横目で見ながら、リリースに合わせて両目で見るようにイメージをしています。

ヒジの位置が一番高くなるのはリリースポイント＝トップとなります。下半身で作ったエネルギーを右の股関節に乗せ、左の股関節に移動させながらリリースする。この体重移動が非常に大事な動作になります。「足腰を鍛えなさい」「体幹を鍛えなさい」と言われる最大の理由は、バランスよく立ち、ヒップファーストを作り、ここから体重移動するときに下半身の筋力と柔軟性、バランス感覚が必要だからです。

これが、簡単なようでなかなかできません。ほとんどの投手は、上半身の力に頼ったり股関節ではなくヒザに体重を乗せてしまい、エネルギーを逃がしてしまっています。しかし多くの大投手は、正しい体の使い方をすることで、効率的にボールに力を伝えています。たくさん投げることも時には大事ですが、画像や動画を見て自分のフォームを確認し改善していくこと、補強のトレーニングで投球動作に必要な動きを再現していくことも大事です。投手はブルペンでたくさん投げるだけでなく、いろいろな練習が必要だということを忘れないようにしましょう》

講義メモ

(1)勝てるピッチングのためには

＊常識を疑い、仮説と検証を繰り返してピッチングを自分で構築する。
＊コントロールされたキレのいいストレートと変化球を身につける。
＊下半身の大きな筋肉を使って「効率的・合理的なフォーム」で投げる。

(2)効率的・合理的なフォームとは

＊バランスよく足の裏全体で立って、右肩を落としてヒップファーストを作る。
＊右肩を下げることで、「マウンドの傾斜に対応する」「リリースするまでの加速する距離を稼ぐ」「できるだけ長い時間打者からボールが見えないようにする」ことができる。
＊投球動作においてヒジがいちばん高くなるのはリリースポイントである。
＊左（左投げの場合は右）の肩甲骨でキャッチャーミットを見る。
＊故障しないため、前足を踏み出す範囲に気をつける。

＊　＊　＊

講義が終わり、初日の指導はこれですべて終了です。僕は特別コーチのため時々しか顔を出すことができないとわかっていたのですが、講義の際に自然と「我々」という言葉を使っていることに気づきました。僕も東大硬式野球部の一員として勝利に向けてスタートを切ったのだなと実感しました。

みんなにもっと上手になってもらって、心から野球を楽しんでもらいたい。そして、勝利の喜びを味わってもらいたい。「ローマは1日にして成らず」と言いますが、その目標のためにもコツコツ練習を積み重ねて、少しずつでも変わっていければと思いました。

第2章

勝つために、自分から変わろう

——指導日誌① 2013年春季リーグ

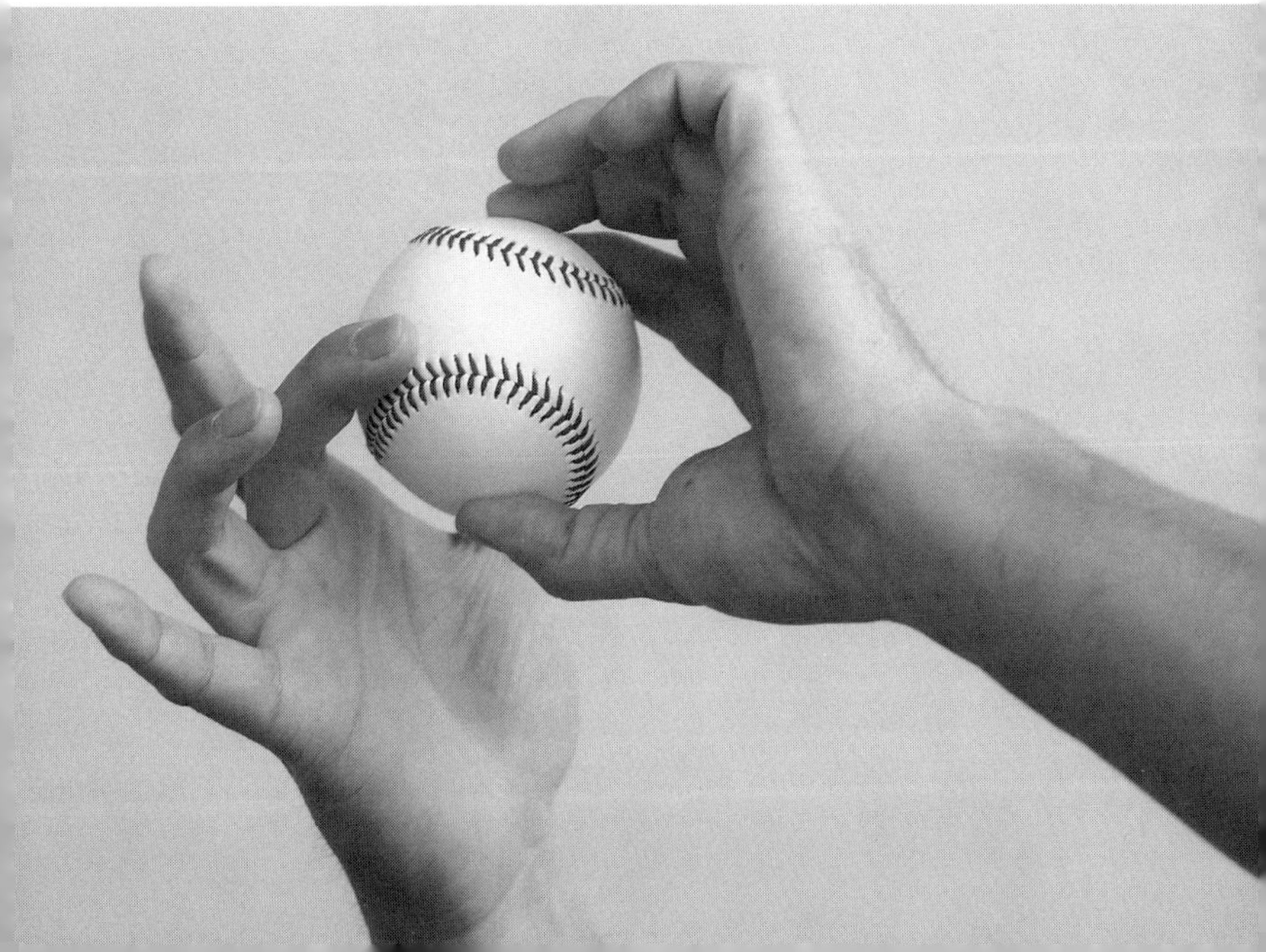

アウトローを磨くドリル

初指導の後、プロ野球のキャンプ取材に出かける前に二度、東大のグラウンドに行きました。その2日間はあまり時間が取れなかったので、指導ではなく選手を観察することに集中しました。

練習を見ていて、「とにかく守り勝つ野球を固めなくては」と強く思いました。東大の打者が、他大学の投手を相手に大量得点を取ることはなかなか望めない。それならば、投球術と守備力を磨いて、打者を一人ずつ打ち取り、最少失点に抑えていく野球をするしかありません。今の彼らに必要なのは、一つ一つ階段を上っていくこと。「野球を楽しもう」とよく言われますが、このままでは楽しむことはできないし、勝たないと喜びも味わえない。なんとか連敗を1日も早く止めて、「1勝」の重みを経験させてあげたい。練習する選手たちを見ながら、そんな気持ちでいっぱいになりました。

キャンプの取材を終え、帰京後にさっそく東大のグラウンドに行き、まずは投手陣をじっくり見させてもらいました。この日は、ブルペンに8人の投手が入っていました。

当時の東大野球部にはスピードで勝負できる投手はいませんでした。彼らの投げる球のほとんどが120キロ台のストレートです。ですから、コントロールを駆使して勝負するしかありません。そこで、彼らに現状どのくらいコントロールがあるのかを確認するために、「アウトロー目がけて10球、3セット投げてみよう」と提案しました（これを「インターバルピッチング」といいます）。スピードは数値化できますが、コントロールは数字では表わせません。そのため、アウトローに何球投げられるかで制球力を確認することにしたのです。

なぜアウトローなのかというと、打者が打ちづらいと同時に投手にとっていちばん難しい球だからです。小手先のテクニックで投げようとすると、ボールはシュート回転したり、沈んだりしてしまいます。パーフェクトなフォーム、バランス、タイミングでない限り、アウトローに決めることはできません。アウトローに投げる体の使い方さえ覚えれば、握りを変えるだけで変化球が投げられます。**アウトローは投手の原点と言っていいでしょう。**

ボールの縫《ぬ》い目に沿うように握るツーシームは、ストレートの軌道を描いて打者の手元で小さく変化する球ですが、アウトローに10球中8球投げられるようになれば、このツーシームを武器として活かすことができます。握りを変えるだけで予測できない変化を起こし、面白いように内野ゴロが取れるので、打者にとってはやっかいな球です。ヒット、ヒットと連打されてランナーが溜《た》まっても、ツーシームでゲッツーになれば相手打線も焦《あせ》ります。そんな投球をするためにも、アウトローの制球を磨く必要があるのです。

この10球3セットのインターバルピッチングには、コントロールを確認する以外にも狙いがありました。それは、テンポをよくすることです。投球フォームをテンポよく作れるようになると、無駄な動きが削《そ》ぎ落とされます。そして、投球のテンポをよくすると野手のテンポもよくなり、それが攻撃にもプラスに作用します。ブルペンでの投球練習からテンポよく投げておけば、試合でもテンポよく投げられるようになります。東大の投手はみんな投球間隔が長かったので、「もう少しテンポよく投げよう」という提案をしました。

ちなみに、**コントロールには3段階のレベルがあります。**第1段階は、ストライクゾーンにいつでも投げられるコントロールがあること。少なくともこの段階で10球中7〜8球は決まらないと、次のステップに進めません。第2段階は、内外もしくは高低を投げ分けられること。これを「ライン出し」といいます。ライン出しの練習をするときは、体全体で投げながら、高めにはこうしたら投げられる、内角にはこの感覚で体重移動をするなど、1球1球確認していくことが大切です。第3段階は、ストライクゾーンの四隅《よすみ》に向かってピンポイントに投げ分けられること。この地道な作業によって繊細な感覚が磨かれ、コントロールがよくなります。

インターバルピッチングは、実はもっとも難しい第3段階のテクニックです。プロでもできない投手がいるくらい難易度は高いですが、制球力を確認することのほかに、彼ら自身に「投手として目指すべきゴール」を認識してもらうという狙いもありました。

さて、結果はどうだったでしょうか。大学生レベルであれば第2段階までは行けると思っていましたが、アウトローにしっかり投げられたのは10球中2球が最高でした。ほとんどの投手は0球。僕の経験上、インターバルピッチングで決まった数の半分が試合で決まりますが、これでは最高でも1球です。スピードがないうえにコントロールもない。これでは、打者を打ち取る方法がありません。

それでは、どうやって打者を打ち取ったらいいのか。今からスピードを上げようとしても限界があるので、やはりコントロールで勝負するしかありません。野球は面白いスポーツで、狙ったところにしっかり投げ切れば、いい当たりをされても野手の正面に行ってアウトになる確率が高い。これを、僕は経験上知っていました。そこで僕は、コントロールがいかに重要かを説明し、コントロールを身につけることが勝利への近道だと伝えました。

「まず大事なのはストレート。ストレートがちゃんと投げられないと、変化球も生きてこない。まずはストレートが7～8割、狙ったところにきちんと投げられること、それにプラスして変化球が1～2種類あったら、それで勝負できる。でもみなさんは、とにかく速い球を投げようとか、変化球を大きく曲げようとか、そういうことを考えているようにみえる。でも東京六大学野球はリーグ戦なので、小手先のテクニックを使っても一回対戦すればすぐに読まれてしまうだろう。まずは地道に、アウトローのコントロールを磨くことから始めよう」


すでに講義でたっぷり説明した投球フォームについて、投手たちと一緒に体を動かしながら再確認しました。まず、足を上げてバランスよく片足で立つこと。そして、右肩を下げる。まずはこの二つの動作を体で覚えてもらいます。

右肩を下げる重要性は講義で十二分に話しましたが、体がこれまでの間違った動作を覚えているだけに、今までの常識から外れる動作にはどうしても違和感を覚えるよ

投球フォーム。二つの動作を体で覚えてもらう

うで、かなり大げさにやらないと動きが変わりません。僕の経験では、一つの動きを変えるのに毎日50回やっても3カ月はかかりました。ただ、それと矛盾するかもしれませんが、変わるときはちょっとしたきっかけでガラリと変わります。地道に続けることで、ある日突然できるときがやって来るのです。

それから約1カ月後の3月2日、ちょうどWBC（ワールド・ベースボール・クラシック）の取材で訪れていた福岡で、西南《せいなん》学院大とのオープン戦を視察することができました。浜田監督は「みんなのフォームが少しずつスムーズになってきました」と言ってくださいました。その4日後には、九州産業大とのオープン戦がありました。昨秋（2012年）の福岡六大学リーグの王者相手に0‐4で敗れはしましたが、投手陣は7回までわずか2安打に抑え、ある程度試合が作れるようになりました。

春季リーグに向けて

4月4日。WBC取材の合間に時間を作り、東大のグラウンドに行きました。前年のこの時期には投手15人のうち7人が故障者だったそうですが、今年は13人中3人（故障1人、怪我2人）。故障は疲労蓄積によるもの、怪我は突発的要素によるもの）。冬の寒い時期ということで無理をさせていなかったこともありますが、フォーム改善に取り組んだことも功を奏しているようです。浜田監督は「今年から月に一度はヒジのエコー検査などのメディカルチェックも行なうことにしました」と言ってくださいました。最新のスポーツ医科学を取り入れてくださった監督には、心から感謝しました。

グラウンドに来ると、やはり気持ちはブルペンに向かいます。ブルペンでは投手の隣に立って、右肩が下がっているか、ヒップファーストができているかなど、フォームを中心にチェックしました。また、球の軌道はもちろん、投手の左肩が開いていないか、リリースポイントはどこかなども確認しました。

投手の隣に立つときは、まるで暗示をかけるように、矢継ぎ早に声を掛けます。声掛けする際、伝えるチェックポイントは一つだけ。二つも三つも言われると投げられないという経験を、僕自身もしたことがあるからです。

ある投手は、速くて強いボールを投げようとして力んでしまう傾向がありました。脱力するからこそリリースで力が入るので、彼には隣から「脱力して投げよう」と何度も繰り返して言いました。

「今のボールはちょっと力みすぎたかな。力を抜くことでリリースの瞬間に力が入るから、まずは力を抜こう」

「捕手からの返球を受けるときに、今の投球に対しての反省をしていこう」

「今のボールは素晴らしいから、それが1球投げられるなら2球、3球と増やしていけばいいね」

実は、このようにブルペンで積極的に声を掛けることには意味があります。試合中、ここぞというときになると、平常心を保つのは本当に大変です。でも、ブルペンで言われたことを思い出すことによって、ピンチのときでも冷静に考えることができるようになります。実際、僕が現役時代はそうやって平常心を取り戻していました。

また、第1章で紹介した「準備」「実行」「反省」のプロセスは、ブルペンで投げるときにもできるだけ思い出してもらうようにしました。これをブルペンでやっておくと、試合でも自然とできるようになるからです。僕は現役時代、よくボールに向かって独《ひと》り言《ごと》をつぶやいていましたが、あれはこういったプロセスの一つです。反省点を言葉に出してより明確にし、自分に言い聞かせていたのです。

僕は、ブルペンで投球を確認する位置も決めています。投手の隣で見た後は、捕手の後ろから観察します。ボールを最後までしっかり体で隠せているか、軌道がシュート回転していないかを確認するためです。次に、三塁側からも観察します（左投げの場合は一塁側から）。これは、ヒップファーストができているか、傾斜に対してバランスよく立ち、しっかり体重移動できているかどうかを確認するためです。投球動作をチェックするときには、投手の隣、捕手の後ろ、三塁側（もしくは一塁側）の3カ所から観察することが大事だと思っています。

2010年10月2日に、あの早大・斎藤佑樹《さいとうゆうき》投手（現日本ハム）と投げ合って勝利を挙げ、チームで唯一勝利投手を経験したことのある4年生投手がいました。あいにく彼は右肩を痛めていて、春季リーグでの登板は無理な状態でした。それでも、以前に比べるとだいぶ制球力が身についていて、狙ったところに投げられるようになっていました。ほかの投手も、何人かは10球中5～6球はアウトローが決まるようになっていました。

ただ、3年近く勝っていないチームには、どこかしら「できない」「ダメだ」と思っている節《ふし》があるように見受けられました。でも、「できない」のではなく、やり方、投げ方、勝ち方を「知らない」だけ。知ることさえできれば、必ずできるようになります。ただし、フォームや技術の習得に特効薬はありません。日々の積み重ねを繰り返しているうちに、ふと気がついたらできていた。そんなものです。やり続けることのご褒美《ほうび》として、いつの日かポンとできるようになるのです。

学習塾の先生をしておられる、いわば勉強の専門家である浜田監督に「勉強のコツは何ですか」と聞いたことがあります。その答えは「例題を解くことがすべて」でした。例題を解くというのは、答えを導《みちび》く正しい方法を知り、それを繰り返し学ぶということ。つまり、**正しい方法を知ったうえで、地道に積み重ねる**ということです。野球でも、間違った動きのまま繰り返していると、体がそれを覚えてしまい、いつまでも上達しません。まずは正しい方法を知ることから始めなくてはいけないのです。

4月10日。春季リーグの開幕戦を3日後に控えた練習前のミーティングで、僕はこんな話をしました。

「現役時代、僕はいつもマウンドで恐怖と不安でいっぱいでした。それをかき消すために練習をしてきましたが、どれだけ練習しても恐怖や不安はありました。でも、試合に挑《いど》む際に心掛けたのは、自分がいちばんうまいんだと信じること。今のベストを出すんだ、挑戦するんだと、自分自身を鼓舞しました。みんなも不安だと思うけど、結果を恐れずに挑戦していきましょう」

この日は、新1年生が練習に参加していました。1年生は授業が忙しくて、なかなか練習に出て来られないそうです。僕が会える機会も少ないので、1年生だけを集めて「キャッチボールは野球の練習で基本中の基本」であることを伝え、大切なことを二つ話しました。

①　なぜボールには縫《ぬ》い目があるのか？　それはボールに回転を与えるため。力任せに投げるのではなく、球に回転を与えればボールは伸びていく。

②　腕だけで投げようとしてもダメ。体全体で投げること。まず、右足1本でバランスよく立つ。股関節に体重を乗せて、左に乗せ返す。そして左足1本で立

つ。この感覚を意識すると体全体の力を抜いてスムーズに投げられる。

頭のいい彼らは、すぐさま納得の表情をしていましたが、実際に投げてみるとなかなかできないものでした。

練習後、浜田監督とリーグ戦の投手起用について話し合いました。僕は特別コーチなので采配については監督に任せるつもりだったのですが、開幕にあたって少しだけ話をさせていただきました。浜田監督は「1勝」を実現させるための采配として、「開幕投手を2年生左腕に決め、行けると思ったら2戦目に先発予定の2年生右腕に継投させる」と考えていました。2年生左腕はオープン戦で防御率1・35。彼が開幕投手になることには、みんなが納得していました。

先発の2年生左腕はもちろん、球に力のある投手、ワンポイントで使えそうな左サイドスローの投手など、楽しみな投手は何人かいました。3投手での継投策というのも考えられますが、難しいのは交代のタイミングです。3イニングずつと予《あらかじ》め決めておく方法など、いろいろなシナリオを話し合いました。

ただ、正直なところ、春のリーグ戦で「1勝」という目標をクリアするのは難しいというのが本音でした。僕は野球の厳しさを誰よりもわかっているつもりです。相手は我々よりもずっと格上。そう簡単には勝たせてもらえません。しかし、5回までは接戦の試合ができるようになってほしいと思いました。そうすれば選手も最後まで諦めないし、見に来てくれたファンも希望を持てるからです。試合の中盤までは接戦ができるようになること。それが、僕の中で密かに抱いていた春季リーグの目標でした。

2013年、春季リーグ開幕――法大戦・早大戦

いよいよ、春季リーグ戦が開幕しました。

4月13日、法大1回戦。先発は2年生左腕です。初回に1点を失いますが、3回に追いつき、5回表まで1-1と善戦しました。ところが、守備の乱れから5回以降4、1、3、1と連続失点。終わってみれば1-10の敗戦でした。

4月14日、法大2回戦。先発は2年生右腕。初回に1失点。2回裏に追いつきましたが、3回から3、3、2と失点。結局3-9で敗戦。

4月20日、早大1回戦。7回1アウトまでドラフト上位候補の有原航平《ありはらこうへい》選手（現日本ハム）の前に完全に抑えられました。先発投手は初回2失点も、その後は力みなく

投げていました。アウトローのストレートも随所で決まり、時折投げるツーシームも効果的。ただ、相手投手がよすぎました。結果は0‐6。

4月21日、早大2回戦。先発投手は3回、9番打者にカットボールをうまくライトへ運ばれる2ラン。5回を投げ、四球はわずかに1。コントロールがとてもよくなっていました。5回まで2失点といい試合ができていたので、僕としては手ごたえを感じました。勝機もある、と0‐2の6回から左腕を投入しましたが、ここで1点を奪われ差が3点に広がってしまいました。そして、この日は早大の左腕・高梨雄平《たかなしゆうへい》選手（現JX‐ENEOS）を打ち崩せず、早大の素晴らしい守りもあって完全試合を喫してしまいました。得点は0‐3。連敗はとうとう50になりました。

開幕4戦目での完全試合という屈辱。その1週間後に東大グラウンドでの練習に参加し、ミーティングでナインにこう話しました。

「21日は0‐3での敗退でした。みなさんは、僕から『惜しかったね、もう少しで勝てそうだね』という話を聞きたいですか。それとも、本音を聞きたいですか。――僕は、50連敗は当然だし、このままでは100連敗するかもしれないと思っています。僕がもし対戦相手なら、まったく負ける気がしません。早稲田の選手たちも、きっとそう感じていたはずです。

なぜかというと、みなさんに自信がまったく見られなかったからです。自分をまったく信じていない。投手はマウンドでオドオドしている。抑えてホッとした表情を見せる。そういう仕草が僕は気になって仕方がない。練習では、自分は下手だと思って貪欲《どんよく》にやるのがいいでしょう。でも試合では、自分がいちばん、俺がやるんだと思ってやらないと、絶対にいいプレーはできません。

だからみなさん、これを機に変わりませんか。**結果を変えるために、まずプロセスを変えましょう。**これからは、俺たちだからこそ変われるんだ、やれるんだという気持ちを持って練習していきましょう。そして、なぜ抑えられないのか、なぜ勝てないのか、その『なぜ』を自分でしっかり考えていきましょう」

ミーティングの後、投手陣が質問をしに僕のところに次々とやって来ました。あまりの質問の多さに、なかなか練習に入れないほどでした。僕の言葉を受けて、さっそく変わろうとしてくれているのだなと思いました。

ウォーミングアップの後、その日は最初に投内連係から始めました。しばらく練習の様子を見ていると、二塁への牽制《けんせい》が悪送球となり、一塁側に逸《そ》れてばかりいることがわかりました。

二塁に牽制する場合、走者は三塁側方向にリードしています。そのため、牽制球が一塁側に逸れてしまうと、アウトになる確率は低くなります。多少逸れるのは仕方ないのですが、それならせめて三塁側に逸れてほしい。しかし、何度も一塁側に逸れるのです。そこで僕は一旦ストップをかけ、次のように伝えました。

「二塁に牽制のサインが出たら、その『準備』をするんだよ。一度、牽制球を投げて(=『実行』)、一塁側に逸れているよね。そうしたら、なぜ逸れたのか『反省』をしよう。おそらくマウンドの傾斜を頭に入れていなかったから、ステップがうまくできずに逸れてしまった。最初に、野手と投手のいちばんの違いは何か、それは傾斜があることだという話をしたよね。今度は、それを頭に入れて『実行』してみよう。投球のときに大事だと伝えた『準備』『実行』『反省』のプロセスは、牽制や守備のときにも応用するんだよ」

何度も同じミスを繰り返すだけの練習では、まったく意味がありません。練習でミスを繰り返していたら、試合で成功するわけがないのです。練習のための練習はいらない。練習の段階でしっかり「準備」「実行」「反省」をして、試合に活かせるレベルまで積み重ねていかなくてはなりません。

今度は、サーキットトレーニングをする投手陣に声を掛けました。

「トレーニングも量や時間じゃなくて、何のためにトレーニングしているかを理解することが大事。トレーニングは当然苦しいけど、そこで自分に勝てないようでは敵にだって勝てない。小さなことだけど、『自分に勝つ』練習をしていこう。もう限界だというところまでくると、少し力を抜こうかな、誤魔化《ごまか》そうかなと思いがちだけど、少ない数でいいから自分で決めたメニューをやりきること。小さな勝負、自分との勝負に勝つ練習をしてください」

そして、次にブルペンに向かいます。この日は、「ちゃんと目的を持って投げよう」と投手陣に声を掛けました。

まず、今日はどういう投球をするか、自分で決めてもらいます。「10球を3セット、アウトローに投げます。その後に変化球を投げて、最後にバッター3人に対してカウントを取ります」と宣言し、そのとおりの投球をしてもらうのです。でも、実際には「今日はどうしますか」と聞くと、答えられない投手が多かった。今日はどういうテーマで投球練習するのか、それもブルペンに来るまでの間に「準備」しなくてはなりません。

完全試合を喫した屈辱の日を忘れない――
ベンチに貼られた１枚の紙

もちろん、ボール１球１球における「準備」「実行」「反省」も忘れてはいけません。「今は頭が突っ込んでしまった」「左肩が開くのが早かった」「体重移動するときに少し右肩を落とすぎた」など、そういうことを感じて、一つずつ修正するのです。僕も現役時代はずっとそうやって練習してきました。

ここまで2試合に先発した投手が、こんなことを言ってくれました。

「マウンドではアウトロー、アウトローと言い聞かせていました。去年（１年秋）は１２０キロくらいだったスピードが１３０キロくらい出るようになったけど、相手が強くなればなるほど、スピードでは通用しないことがわかってきました。たとえ150キロを出しても打つ打者は打つ。他の大学の投手も、抑えているのはスピードがある投手ではなくコントロールのいい投手です。だから僕も、コントロールを今まで以上に意識しています。それに去年は四球、四球、四球。チーム全体が相手と戦う前に自分に負けていた。今は、そうではありません」

僕が根気よく伝えてきたことを、ようやく少しずつ実感してくれていたようです。とにかくアウトローのドリルをやること、そして、「準備」「実行」「反省」を地道に行なうこと。これができたら、ピッチングのコツをつかみ、投げるのが楽しくなるはずです。

この日、ベンチには「Remember《リメンバー》 4・21」と書かれた紙が貼られました。完全試合を喫したのは屈辱ですが、これが明日への一歩になるなら、屈辱にはなりません。

感じる確かな成長——慶大戦・明大戦

5月4日。慶大1回戦を神宮球場で観戦しました。これが特別コーチに就任した僕にとっての初観戦です。

神宮球場の放送席から慶大戦を観戦
（2013年5月4日）

慶大
000300440―11
001100000―2
東大

1、2回とも得点圏に走者を進め、押し気味の展開でした。3回に相手のバッテリーエラーで先制。今季初めて1点のリードを奪いました。しかし、直後の4回。先発投手が1アウト一、二塁から逆転3ランを浴びてしまいます。その裏もまた敵失絡《がら》みで1点を取り、この試合でも6回までは2-3といい試合をしていました。いいムードが漂《ただよ》ったのですが、7、8回に4点ずつを失い、結局2‐11の大敗。ワースト2位の51連敗となりました。

これまでの4試合は球場には行けなかったので録画をチェックしていましたが、初めて球場で試合を見て、チーム全体が変わってきた感じがしました。今までは不安そうにソワソワした表情でプレーしていましたが、この日は前向きにチャレンジしていこうという雰囲気が出ていて、投手もマウンドで堂々と振る舞えるようになっていました。気持ちの部分は、確かに変わってきているなと感じました。

結果的に大差で負けたのですが、以前は序盤から崩れることが多かったので、6回までわずか1点差だったことはプラスと捉《とら》えました。5～6回まで接戦することが、僕が密かに抱いていた目標だったのですが、それは達成することができていたし、点差の印象よりはいい勝負ができていたと思います。投手も、アウトローの制球が前回より決まるようになり、少しずつですが成長しています。応援しに来てくれた人たちも、希望を持って見守ることができたでしょう。

しかし、7回からはガタガタと崩れてしまいました。野球は9回まであります。投手は完投できるよう、あるいは継投で9回までいい勝負ができるように、みんながレベルアップし、気持ちを強く持ってマウンドに上がらないといけません。

野球は、エラーと四死球の後に失点する確率が高いという印象があるかと思います。実際の統計ではそうではないのですが、この試合ではまさにその印象どおり。3イニングで点を取られたのですが、すべてエラーと四死球の後でした。これは、ヒットを打たれることを恐れた結果です。ヒットを打たれても、ゲッツーでアウトが取れるし、牽制や盗塁でもアウトを取れるのだから、恐れずに投げなくてはいけません。野球は紙一重の戦いです。それを踏まえ、明日からどうするか。どんな練習をするのか。それを敗戦後のミーティングで話しました。負けたことがよほど悔しかったのでしょう、涙目の選手もいました。負けることが当たり前のチームには、そんな悔しい気持ちもなかったかもしれない。何かが変わってきているという実感がありました。

相手投手（慶大・白村明弘《はくむらあきひろ》選手、ドラフト1位候補右腕・現日本ハム）はスピードも速かったですが、要所でアウトローが決まっていました。アウトローに決まると打てないということを、東大の打者たちは身をもって理解したと思います。

ミーティングでは、「そういう相手投手を見て、自分たちはどうすべきかを考えてみよう」と投手たちに伝えました。こちらの先発は真ん中高めに投げ、3ランを打たれました。野球というスポーツは本当によくできていて、真ん中周辺の球はほぼ安打になり、コースに決まった球はスピードに関係なく凡打になります。今日の被安打もすべて真ん中周辺。プロ野球の投手でも常に四隅に投げ分けることができるわけではありませんが、そのミスを少しでも減らしていくことが大切なのです。時間はかかりますが、僕の投球術を根気強く伝えていきたいと改めて思いました。もっとも伸びしろがあるのが東大野球部なのですから。

また、この日初めて球場に来て、応援席の熱気にも心を打たれました。実にたくさんの人が、東大野球部を応援してくれているのです。その人たちに、応援しがいのあるいい試合を見せてあげたい。序盤から大差がつく試合ではなく、せめて途中まで希望が持てる試合を見せてあげたい。そして、いつか試合に勝って、みんなで勝利の感動を共有したいと強く思いました。

翌日の5月5日、慶大2回戦。2年生右腕が先発です。初回、打者3人であっという間に1失点も、その後粘り強く投げて6回まで0‐1。8回からは連投の左腕を投入。結局0‐1の敗戦でした。4回ノーアウト一、二塁で5番打者にバントさせず強行、結果は投直併殺になったのが響いたようです。「2点取ろうと確かに欲を出した」と浜田監督。投手もアウトローにはあまり決まらず、テンポも悪かった。いい調子だったとは言いがたかったけれど、惜しい敗戦でした。

僕は仕事で地方にいましたが、試合内容は現場にいる報知新聞の記者さんからメールで逐一《ちくいち》、報告を受けていました。**いい試合ができるようになってきた**というのが第一印象。確かな成長を感じます。秋には勝てるように仕上げたい。そんな気持ちが湧《わ》いてきました。

3カードを終えて0勝6敗。5月8日の指導では、冒頭のミーティングでナインに二つのことを伝えました。

①　他校の何倍も練習しなきゃいけないと思わなくていい。練習で大事なのは量や時間ではない。効率的な練習をしたら、早く帰ってしっかり休養をとってください。

②　何か一つ、今日も「気づき」があるようにしてください。ただ漠然と100球投げたり打ったりするのではなく、1球ずつ何か感じ取れるようにしてください。

そして、こう続けました。

「投手に言います。これまで、みんなの能力、長所、短所を僕なりに把握してきたつもりです。これからは一人ずつ面談して、お互いに意見を出し合いながらそれぞれのプログラムを作っていきましょう。投げる日から逆算して1週間の調整方法、いわば体内時計のようなものを作っていきたいと思います。それぞれの授業や練習や、プライベートの時間割などを書いて、来週提出してください。今後の進め方について、話のキャッチボールをしていきたいと思います。また、僕は現役時代には週3回、今でも週に1回はジムに行っています。もし行きたい人がいれば一緒に行きましょう。左右のバランスが悪いとか、脚の筋肉が弱いとか、そういう具体的な課題がわかると思います」

ブルペンの練習では、慶応戦で敗戦した2年生右腕にこう声を掛けました。

「慶応戦は1 - 0で惜しかったけれど、たまたまアウトになった場面が多かったね。狙ったところに投げきってアウトを取れるようになると、もっと自信が出てくるよ。秋にはできるようにしよう」

本人も「調子は良くなかった。誤魔化しながら投げていた感じです」と言っていました。

慶応に惜敗したこの時点では、3週間後の最終週、立大戦にチャンスがあると思っていました。

5月12日、明大1回戦。明大の先発左腕、ドラフト1位候補・山崎《やまさき》福也《さちや》選手（現オリックス）のテンポに比べて、こちらは先発投手のテンポが悪い。3回に2点タイムリーを浴びたときは、よく2点で止められたという印象でした。4回2アウト満塁、何とかファーストゴロに打ち取ったのに、ベースカバーに入った投手への一塁手からのトスがふわっと高く浮き、内野安打になる間に手痛い2失点。この前の投内連係の練習で「トスのときに手首を使うと球が浮いてしまう。押すように投げよう」とアドバイスしたのですが、実践できなかったようです。

打ち取っているのにアウトにできない。つまり、守備の乱れから失点してしまったということです。練習どおりやっていればアウトになるのに、それができずに失点につながっていました。守備については、さらに強化が必要だと痛感しました。

6番手、左腕が投げた内角球を打者がよけてくれず死球3。闘争心を表に出せないまま0-10の敗戦に、浜田監督も「今までで最低の試合。守備も投手も」と嘆《なげ》きました。

5月13日、明大2回戦。2年生右腕が先発です。テンポよく投げ、アウトローへの制球もいいようです。0-0の4回から左腕を投入しましたが、躍動感がなく、浜田監督が激励にマウンドへ行くこと数回。4、5回の2アウト満塁を何とかしのぎましたが、両軍無得点の6回、三塁打と犠牲フライで1点を失いました。0－1の9回にも同じく三塁打と犠牲フライで1失点。相手投手は、僕が会長を務めていたボーイズリーグ「麻生ジャイアンツ」の1期生・関《せき》谷《や》亮《りょう》太《た》選手（現千葉ロッテ）です。〝教え子〟に2安打完封され、0－2の敗戦。六大学のワースト記録を更新する31季連続最下位が決定してしまいました。

ここまで4カードが終わり、0勝8敗。しかし、収穫がないわけではありません。今まではプレーボールがかかったらすぐに敗戦が見えていた試合が多かったのですが、僕の目標どおり5～6回までは接戦ができるようになっていました。

試合に負けても、プラスの要素がなかったわけではない。確かに成長はしていると感じました。

秋には、きっと――立大戦

5月25日。立大1回戦。二度目の神宮観戦です。

立大　100110300—6
東大　000001000—1

先発は右腕。初回、先頭打者を内角のスライダーで三振に取る上々の滑《すべ》り出しでしたが、2番の左打者にインコースのストレートを本塁打にされてしまいました。4回にも1アウト走者なしから6番打者に真ん中高めをレフトへ運ばれました。5回には3番にタイムリーを打たれ、結局6回を投げ8安打3失点で降板しました。

2本のホームランはいずれも初球。つまり、ファースト・ストライクの取り方が甘いのです。この日は、全体を通して思うようにアウトローに決まりませんでした。外角には行くのですが、打者にはストライクかボールかがはっきりわかる球筋でした。ボールは簡単に見逃され、少し甘く入った球は痛打を浴びてしまう。ストライクを投げるコントロールはあるのですが、まだコースに投げ分けるコントロールがありません。しかし、これまではストライクを投げることも十分ではなかったわけですから、確実に成長はしています。今後は、コースあるいは高低に投げ分ける「ライン出し」

を練習し、秋のリーグ戦では試合でできるようにしたいと思いながら見ていました。

2回には8番打者にいい当たりのセンターフライを打たれましたが、いい当たりでもコースを間違えなければ、打球は野手の正面に飛んでヒットになりません。野球というスポーツはうまくできていて、打たれるのは決まって甘いコースです。たとえいい当たりでも、アウトを取れれば自信につながります。ヒットはどんないい投手でも打たれると割り切って、打たれても慌《あわ》てないことです。

3回2アウト走者なしから、エラーが出てしまいました。こういう守りのミスは痛い。普通に処理していれば三者凡退です。三者凡退ならチーム全体にリズムが出てくるものです。やはり、守備を強化することが必要だと感じました。

打線も4安打で1得点に終わりましたが、少しもったいない感じがしました。甘いボールを見逃して、わざわざ難しい球を打っていたのです。相手投手は甲子園経験者であり、いわゆるスポーツ推薦で入ってきている選手。甘いボールはそう続けて投げてはくれませんから、見逃さずにしっかり捕らえておくべきでした。

ここまで春季リーグは0勝9敗。残すところ1試合になってしまいました。まだ目標の1勝は挙げられず悔しい思いもありますが、長年勝負の世界で生きてきたので、簡単に勝たせてはもらえないことは百も承知です。そんな中でも嬉しいのは、みんなが少しずつでも成長してくれていることです。投手はストライクが入るようになりました。四球が少なくなったし、下を向いたり、自信がなさそうな態度をしたりすることはほとんどなくなりました。

6回まではいいゲームができているので、今後の課題は7回以降の終盤です。実は、終盤をしのぐために大事なのは序盤の立ち上がりです。僕も長年野球をやってきましたが、何年やっても立ち上がりは難しい。立ち上がりを乗り切る方法は何か。勝つために終盤の継投はどうあるべきか。今後はそうした細かいポイントについても監督と話し合うことにしました。

これまで練習や試合を見せてもらい、チームのことは少しずつ把握してきました。大学野球のシステムもだいぶわかってきたつもりです。これからはさらに監督と話し合いをしながら、投手を成長させるために個別メニューを作っていきたいと考えました。

どの投手も三つくらい球種を持っていますが、僕はそれで十分だと思っていました。球種は四つも五つも必要ありません。ストレート＋変化球二つでＯＫです。大事なのは、どの変化球を選び、磨いていくか。一人ひとりの強みや弱みを、もう一度洗い出していかなくてはと思いました。

とにかく、狙ったところに投げられるようになること。それができれば、「この打者のスイングなら、このコースでファウルを打たせてカウントが稼げる」「ここで空振りを取れる」といった投球の組み立てができるようになります。「これさえできれば抑えられる」という形があれば、試合の流れを味方にすることができます。それが、勝つためにはとても重要なこと。秋のリーグ戦までに、僕の投球術をもっと伝えていこうと思いました。また、立場上、打線には口出しすべきではないと思っていましたが、打撃担当の特別コーチである谷沢健一さんから「投手目線でどんどんアドバイスしてくれ」と言われたので、「こうされたら投手はイヤです」といった投手心理も今後はできるだけ伝えていきたいと思いました。

そして5月26日、春季リーグ最終戦となる立大2回戦です。右腕が先発も、毎回先頭打者を出す苦しい投球。初回1アウト三塁、2回2アウト三塁、3回1アウト三塁を何とかしのぐ粘りのピッチングを見せていましたが、4回1アウト二、三塁から犠牲フライと味方のエラーで2失点。後半はズルズルと失点を重ね、終わってみれば0-16の大敗。連敗は56となりました。

悔しい思いでいっぱいだけど、楽しみは秋にとっておこう――前向きな気持ちになろうと努めながら、春のリーグ戦を見届けました。

第3章

敗戦の中で続く成長

――指導日誌② 2013年秋季リーグ

新人戦での勝利

春季リーグが終了し、秋季リーグに向けてスタートを切りました。まずは、浜田監督と春季リーグの反省点について話し合うことから始めました。

僕からは、気づいたことを二点お伝えしました。一つは投手起用についてです。もともと投手起用に関しては意見を言わないつもりでしたが、長年投手を経験してきた立場として、「いつ誰に投げさせるか、予《あらかじ》め決めておきませんか」と提案させていただきました。

東京六大学リーグは土日に試合が行なわれ、三戦目にもつれこんだ場合は月曜日に開催されます。そこで、土曜日、日曜日に投げるメンバーをそれぞれ4人ずつ固定し、三戦目があった場合は全員で投げるのはどうか、と提案しました。その狙いは、選手に自覚を持たせることです。「君は土曜の一番手だよ」「君は日曜の三番手だよ」と予め通達しておくことで、投手は自分の登板日に合わせて逆算しながら調整することができます。浜田監督も、この提案には賛同してくださいました。夏休みは合宿などがあるので、ある程度リーグ戦が近づいたらローテーションを決めて、選手に一日一日責任を持って過ごしてもらうようにしましょうという結論に至りました。

二つ目は、守備についてです。他大学の好投手からは大量得点が望めないので、守り勝つ野球をしなくてはなりません。しかし、春季リーグ戦では10試合で17失策。野球はミスをするスポーツですが、打ち取った当たりで手痛い守りのミスがあまりにも多すぎました。それを少しでも減らすためには、投球術を磨くだけではなく、捕手と内野手の守備も強化しなくてはなりません。そのため、僕のＰＬ学園の４年後輩にあたる野々垣武志《ののがきたけし》君と、いつも僕の野球教室で講師として手伝ってくれている捕手をコーチとして招きたいとお願いし、これも快諾していただきました。

試合で投げるメンバー12人の投手とも、個別に面談を行ないました。「試合で投げたとき、どうだった？」と尋ねると「マウンドで不安でした」と答える投手が多かったので、僕はこんな話をしました。

「僕も、現役時代は毎試合怖かったよ。でも、その恐怖心や不安を減らしてくれるのは自信しかないよね。その自信をどこで作るかというと、練習しかない。何度も言うけど、スピードでは抑えられないから、必要なのは投球術。このバッターはどこに投げるとファウルになるか、ボール球に手を出しやすいか、そういった癖《くせ》や傾向をまず分析して、そこに投げきれるコントロールを身につけよう。自信を持ってマウンドに上がれるようになるまで、秋に向けて徹底的にやっていこう」

ある投手はストレートが5〜6球決まるようになっていたので、ストレートの練習も継続しながら得意の変化球を磨いていこうと話をしました。

ほかの投手たちには、インターバルピッチングを継続して練習しようと伝えました。当初は0球だった投手も、今では3〜4球投げられるようになりました。このような小さな成功体験の積み重ねがあれば、どんどん自信をつけていくことができます。大事なのは、1球ごとに「準備」「実行」「反省」を行なうこと。10球投げ終わったら、その10球に対しても反省し、次の10球に対して準備をすること。集中するだけではなく、どこに気をつけたらいいボールが行くようになったか、敏感に感じ取ってほしいと伝えました。

春季リーグが終わって1週間後、6月3日に新人戦（1、2年生のみが出場）が行なわれました。対戦相手は早大です。

先日の面談で、この試合に先発する2年生投手には「とにかく自信を持ってマウンドに立とう。不安や恐怖心があるかもしれないけど、俺はできると信じて練習どおりにやりきろう。打者に対してチャレンジ精神を持って投げることだよ。野手のみんなは投手の背中を見ているからね」と声を掛けました。彼はリーグ戦ではおもに年上の打者に対して投げていましたが、新人戦では同級生や年下の打者に投げることになります。そのため、「リーグ戦以上に自信を持ってやってみよう」と伝えました。

試合では初回に三塁打などで3点を先制し、7回に追加点。先発投手は「今日はコントロールがよかった」と試合後に自分でも言っていましたが、そのとおり8回を6安打、5つの三振を奪い1失点に抑えました。その結果、なんと勝利を収めることができたのです。新人戦とはいえ、早大には7人の甲子園出場者がいます。そのチームを相手に勝てたことは、とても意味のあることです。2006年春以来14季7年ぶりの勝利で、新人戦での連敗は15で止まりました。

守備の強化をはかるために

その勝利の余韻《よいん》に浸《ひた》ることなく、秋のリーグ戦に向けて気持ち新たに練習を開始しました。6月20日の練習からは、守備強化のために野々垣コーチにも参加してもらうことになりました。彼は1989年に西武に入団し、その後、広島・ダイエーで2002年までプレーした内野手です。

内野の守備練習では、スタートの切り方、捕球の構え方、送球の基本的な考え方について、まず話をしました。

スタートの方法は二種類あります。一つ目が、バットがボールに当たる瞬間と自分がジャンプして着地する瞬間を同じタイミングに合わせ、打球の方向を見て一歩目を踏み出す方法。もう一つが、予め左右に小さくステップしておいて、ボールとバットが当たる瞬間に右足もしくは左足の好きなほうで打球の方向に一歩目を踏み出す方法。この二つの方法があることを説明し、自分に合うほうを選んでやってくださいと伝えました。

捕球では、正面で両手を使って捕ることが基本中の基本と言われていますが、今の時代、特に神宮球場のような人工芝では、バックハンドや片手で捕ることは必須です。正面はもちろんですが、それに加えてバックハンドや片手での捕り方を野々垣コーチにレクチャーしてもらうことになりました。

送球については、ボールをしっかり握れなかった場合や焦ったり緊張したりした場合は、ワンバウンドでもツーバウンドでもいいので「まっすぐ低く投げること」を意識するようアドバイス。なぜなら、横に逸れたボールや高いボールは、受ける側がどれだけ頑張っても捕れないため、アウトにならないからです。

その後のシートノックで、さっそく送球ミスが出ました。そのときもみんなで「送球は真っすぐ低く」と声に出して、徹底しながら練習を続けました。

また、ひたすら届かない打球に飛びついて捕る練習をしている選手がいました。僕が「それは何のための練習なの？」と尋ねると、「守備範囲を広げる練習です」と言うのです。しかし、50本近くノックを受けて、2～3球しか捕球できていません。そこで、僕はこんなことを言いました。

「野球というスポーツで、守備の目的は何だろう。ボールを止めたり捕ったりすることではなく、アウトにすることが目的だよね。だから、**打球に飛びついて捕る練習はいらない**よ。大事なのは、自分が捕れる範囲に飛んで来たボールを確実に捕ってアウトにすること。守備範囲じゃないところに来たボールはヒットだ。だから、飛び込む練習はもうやめよう。捕れる範囲に飛んできた打球をしっかり捕球していいボールを投げてアウトにしたという成功体験を体に覚えさせる練習をしよう」

また、ゴロを捕球する際には、バットの上側に当たったか、下側に当たったかまで集中して見るようにアドバイスしました。バットのどこに当たったかを見ていれば、ボールが上回転しているか下回転しているか、もしくは左右に回転しているかまで読むことができ、打球の方向が予測できます。そういった「準備」をすることで、捕れなかった打球が捕球しやすくなり、難しいバウンドを易《やさ》しいバウンドに変えることができるのです。

中継プレーの練習の際には、ボールを投げる野手のリリースポイントをしっかり見るようにとアドバイスしました。これは、ノックでボールがバットに当たる場所を見るのと同じ原理です。リリースポイントに集中しておけば、ボールの回転が読めるので、返球が逸れる方向を予測することができます。ただ「おーい！」と声を掛けるのではなく、「おーい！」と言いながらリリースの際の〝抜け〟や〝引っかかり〟を見逃さないようにしておくこと。それができれば、受けるほうは返球が逸れる方向に素早く移動して中継プレーがつながるようになります。

次に、フライ捕球の練習をしました。ここでは、声を出すことの重要性を説明しました。僕は、キャッチボールなどの際に無駄な声を出さなくていいといつも言っています。しかし、フライが野手の間に上がったときは、二人の野手がボールを見ながら追いかけるので、大きな声でコミュニケーションをとらなくてはなりません。

「野球は大観衆の中でやるよね。だから、フライのときは必ず『オーライ』『任せた』と大きな声を出して相手に知らせよう。野球界では大きな声で挨拶《あいさつ》や返事をするように言われるけど、それはこういったプレーのためでもあるんだよ」

ここまで練習したところで、守備は野々垣コーチに任せて、僕はブルペンへと向かいました。

ある投手が、打者の懐《ふところ》に投げる練習をしていました。しかし、当ててはいけないという意識が働いて、どうしても甘いところに行ってしまいます。僕はそういうとき、打者のベルトを目がけて投げていました。肩やヒザはよけられないのでデッドボールになってしまう確率が高いのですが、ベルト付近ならバッターがよけてくれる。そういうことがわかっていると、バッターの胸元に投げようとして真ん中に行ってしまうことも少なくなります。

また、別の投手が隣でカーブを投げていました。しかし、3球連続で高めに抜けてしまいました。そこで僕は、彼にこう声を掛けました。

「なぜ3球続けて高めに抜けたと思う？　なぜ1球で修正できなかったのかな。考えてみよう。1球投げたら、そのボールに対して反省をしたかな。準備をしたのかな。それを実行できたのかな」

僕は、カーブはいちばん難しい変化球だと思っています。フォームのバランスを崩したら曲がらないし、コントロールもできないので、絶対にいいところに決められません。

彼は低めに投げようと思うあまり、頭が突っ込んで肩が開いてしまっていました。左肩を開かないようにするためには、**「右肩を前に出さずに後ろに残す」「左の肩甲骨に目があるような感覚で捕手を見る」**といった意識が必要です。1球目を投げたときに「頭が突っ込んだな」「開きが早かったな」と反省をすれば、「次は肩甲骨の目で捕手を見よう」と準備ができるはずです。ブルペンでは、そうやって1球で修正できるようにしてほしい。なぜなら、ブルペンでできないと試合でできないからです。この投手には、「捕手からボールが返ってくる一瞬で反省をして、準備ができるようになろう」と再度アドバイスしました。

彼は、ブルペンではいつも自信満々で投げるのですが、試合になると毎回オドオドしている様子が窺《うかが》えました。本人にその自覚はなかったようですが、帽子を浅く被《かぶ》っているので不安な表情がいつも打者に丸見えでした。投手は何を考えているのかわからないくらいがちょうどいい。彼には帽子をもっと深く被ったほうがいいよ、と伝えました。そうすれば、たとえオドオドしてもまわりには気づかれません。野球は心理戦でもあるので、こういった小さな工夫も意外と大事なことなのです。

また、彼の投球にはどこか「なんとなくこんな感じでいいだろう」というその場しのぎの様子が見受けられました。練習についてもあまり計画性がなく、食事のこともしっかり考えていないようだったので、「食べることも大事だよ。栄養と休養がなければ、せっかく頑張ったトレーニングも活かされない。練習して、食べて休んで超回復が生まれて強くなる。それによってパフォーマンスが上がっていくんだよ」とアドバイスしました。彼はとてもいい素質を持った投手でしたが、それを活かしきれていなかったので、そういったことも参考にしてほしいと思ったのです。

その隣には、投げるテンポがとても悪い投手がいました。1球1球の間隔がとても長いのです。

「どうしてそんなに1球1球の間隔が長いのかな。反省もそんなに時間をかけなくてもできるようになったよね。もっとテンポよく投げたほうがいいと思うよ。ブルペンでやっておかないと、試合でもできないから」

そう声を掛けると、彼が「質問していいですか？」と言ってきました。彼は高校時代の監督から、「お前はすごいボールを投げられないから、テンポを悪くして相手打者を焦《じ》らせ」と言われていたそうで、それに対する僕の意見を聞いてきたのです。

「高校野球は一発勝負だよね。リーグ戦ではない。一発勝負なら焦らすのもいいけど、何度も対戦する相手にそんな誤魔化《ごまか》しは利《き》かないよ。もっとテンポよく投げて抑えていく方法を自分で作り上げていかなければ、何度も対戦する相手には通用しない。テンポをよくすると、フォームの無駄な動きを省《はぶ》くことにも繋《つな》がるよ」

また、野手が守りやすくするためにも、テンポよく投げることは大事だということを改めて伝えておきました。

再び、コントロールを説く

6月25日。冒頭の挨拶では、「今日も何か気づきがあるように、目的意識を持ってやっていきましょう。ただボールを打つ、ゴロを捕るだけではうまくなりません。とにかく1球ずつ考えてやりましょう」と伝えました。大事なことは、できるだけシンプルな形で、根気よく言い続けました。守備に関しては、野々垣コーチから「手の力を抜くこと。スタートをよくすることを意識してください」とアドバイスがありました。

まずはサードに3人、ショートに4人を配置してノックをしました。半年前、指導の初日に行なったのと同じように、打球は正面ばかりです。でも、まともな当たりではなく、凡打特有の回転の悪い打球を多く混ぜます。

「前回の練習でも言ったよね。打つところを見ていたら、打球の性質もわかるよ。逆シングルも使っていこう。スタート、捕球、送球のリズムを大切に。バックトスも練習でやっておこう」

その後ブルペンに移動したのですが、この日はある投手から「桑田さん、最近うまくいかないので、いいイメージをつけるために投げてもらえませんか」と言われたので、投球を見せることにしました。まずはアウトローに10球投げて、8球決めました。

「抜けた球はあった？　逆球はあった？　だいたいアウトロー近辺に行くよね。この練習は全力じゃなくていいんだよ。五、六分の力でいい。それから、投手は傾斜でプレーするのだから、遠投やネットピッチングをするよりも、マウンドの傾斜に対してバランスよく投げる感覚を養《やしな》うことが大事だよ」

コントロールについても、「手先でなんとかしようとすると再現性が小さい」と説明しました。試合でプレッシャーがかかると、手先でのコントロールはどうしてもブレてしまいます。体全体で大きな筋肉を使って投げれば、プレッシャーのかかる場面でもフォームのブレが小さいので再現性が高まります。これは僕の経験則からも言えることなので、その重要性をしつこく伝えました。

するとある投手が「打席に立ってもいいですか？」、控えの捕手が「捕らせてもらっていいですか？」と聞いてきました。もちろんOKです。僕は140キロ、150キロも出るわけではないけれど、狙ったところに投げきることができ、低めのボールが沈まない（おじぎをしない）。それをぜひ体感してもらいたいと思いました。

ちなみに、僕はいつも「投手と捕手は二人で一つだ」と言っています。打者を打ち取るのはバッテリーの共同作業。仮にボール気味のコースだったとしても、捕手がバーンといい音で捕ったら審判も思わず「ストライク！」と手を挙げてしまうものです。審判でも、ボールかストライクか迷うコースがあるのです。逆にいい音がしないと、ストライクでもボールだと思われてしまうことがあります。

ブルペンで捕手がいい音を鳴らしてくれると、投手も調子が上がってきます。捕手の構え、ミットの高さ、捕球音は、投手にとって非常に大事なのです。そのあたりも、新たに参加してもらった捕手コーチと一緒に話し合いながら改善していくことにしました。

「変化球を見せてください」というリクエストがあったので、左打者の外角、アウトローへツーシームを投げました。ツーシームは捻《ひね》らないのでストレートと同じ投げ方です。同じ投げ方で違うボールが来るから打ちづらい。変化球を投げるときに違う投げ方をしたら、投げる前から「変化球ですよ」と言っているようなものです。

「変化球は、ボールの握りを変えてまっすぐ投げるだけでいい。無理に曲げようとしなくても、握りを変えるだけで空気抵抗によってボールが勝手に曲がってくれる。大きく曲がらずに、打者の手元でピュッと小さく曲がるからこそ、打者が打ち損じる。みんな大きく曲げようとしすぎるから、変化球だと打者にわかってしまうんだよ」

そして、「次は高めのスライダー行きます」「横に曲げます」「低めのスライダー行きます」「低めは斜め下に落とします」と、1球ずつ宣言して、そこに投げきることを実践してみせました。もちろん、東大の投手が簡単に真似できなくて当然なのですが、僕が考えながら投げているということをわかってほしかったので、見てもらうことにしたわけです。

30球投げた後、選手たちにこう伝えました。

「**ブルペンでは、小さな成功体験を積み重ねることが大切です**。10球中5球、思ったところに投げられた。そうしたら、次は6球、7球投げられるようにする。そのプロセスの中で自分に自信をつけていくことが、試合のマウンドに生きてくるんだよ」

そして、もう一度、基本となる投球フォームの確認を行ないました。

①　足の裏全体でバランスよく立つ。地面をギュッとではなく、軽くつかむ感じ。
②　右投手なら右肩、左投手なら左肩を下げ、ヒップファーストの形を作る。
③　右（左投げの場合は左）股関節に体重が乗った状態を維持しながら左（右）の股関節に体重を移動する。
④　着地の際は、左（左投げの場合は右）股関節にしっかりと体重を乗せる。

また、投球の極意は「いかに脱力できるか」であることも伝えました。僕は現役時代、右の太腿に右手が擦《こす》れるとボールをよく落としていましたが、そのくらい軽くボールを握っていたということです。

ちなみに、引退した今だから言える話ですが、**実は僕がいちばん得意なのは守備です。次に打撃。いちばん苦手なのが投球です。**みんな「ウソだろ」と笑いますが、本当なのです。投手を何度か諦めかけましたが、いちばん苦手なもので勝負していこうと腹を括《くく》りました。それだけ投球術というのは難しいということです。

今まで、ブルペンでは「何球投げた」「曲がりがよかった」といったような声しか聞こえませんでしたが、選手たちも徐々に違った角度から投球に取り組むようになっているようでした。そんな姿を見て改めて成長を感じ、とても嬉しくなりました。

選択と集中

6月29日。この日は、二回目の講義を行ないました。ここでは、改めて春季リーグの反省点についてディスカッションし、秋季リーグに向けての方向性を確認しました。僕はそこで、こんな話をさせてもらいました。

「みなさんの練習を、約半年間見せてもらいました。どの選手も非常にまじめに練習に取り組んでいると感じています。ただ、みんないろんなことをやりすぎているので、どれも6～7割の平均点に留まっているような気がします。野球がうまくなるためにやったほうがいいことは確かにたくさんあるのですが、これからは**自分にとって何を優先的にすべきかを『選択』してください**。変化球は四つも五つもいりません。2～3個に絞りましょう。トレーニングも、あれもこれもやるのではなく、自分に必要なものを選択してやるようにしましょう。**そして、選択したことを『集中』してやっていきましょう**」

後日、希望した選手たちを連れて僕の通っているトレーニングジムに行きました。

体の状態や動きの中で故障につながるような要素はないか、チェックしに行ったのです。どこの筋力が弱いか、どこのバランスが悪いかをジムのトレーナーにじっくり見てもらいました。故障のリスクのある状態の選手はいなかったので、ひとまず安心です。そこで改めて、どのトレーニングを選択し、集中してやっていくのか、一人ひとり話し合いました。

7月11日。梅雨《つゆ》はまだ明けていないのに、最高気温が35度にもなる日がもう1週間も続いています。そんな猛暑の中、東大グラウンドで投手陣をチェックしました。

4年生のある投手には、秋季リーグで登板のチャンスがあるだろうと期待していました。彼には、「球種は多くなくていいから、ストレートの他に三つの変化球のコントロールを磨いていこう」とアドバイスしました。また、別の投手は「チェンジアップの握りを教えてください」と言うので、「僕はこうやって投げているよ。参考にしてみて」と言って握り方を見せました。彼がその握り方で投げてみると、本人も驚くほどの変化でスッと落ちます。それを見て、試合でも使えそうだなと思いました。

「今のように、曲げようとしないことが大事だね。あくまで握りだけを変える。すると回転が変わって、こんなに曲がるんだ。変化球のときもストレートと同じように投

投手陣のチェック。ボールの握り方を実際に示す

げること。変化球を投げ続けると、だんだん握力がなくなってくるかもしれない。でも、これまで使っていなかった指を使っているから当然のことだよ。普段のキャッチボールから変化球も投げておくといいね」

そして、僕は投手陣に「イメージと実際の動きにはギャップがある」という話をしました。そのギャップをできるだけ小さくしていくことが上達の近道です。

「自分では右肩をすごく落としていると思っていても、実際にはほとんど落ちていないことが多い。ビデオで自分のフォームをチェックすると、『全然下がっていないな』『もっと大げさにやったほうがいいな』ということに気づくはずです。そういった確認作業もこれからやっていきましょう」

7月25日。東大の前期の試験が終了し、部員全員60人が揃《そろ》って練習に参加しました。みんなが揃った中で、講義や練習で話してきた大事なことを改めて伝えておきました。

「まずは、『常識を疑う』ということ。野球に関して、今まで聞いたこと、教わったこと、本で読んだことは、もう今の時代には合わなくなっている可能性もあります。みなさん東大生は、日本一の頭脳を持っています。常識にとらわれず、今の自分に何が必要なのかしっかり考えてください。次に、『選択と集中』です。今は情報過多の時代です。トレーニング方法もたくさんある中で、自分にとって何が大事なのかを考え、選択したものを集中して行なう。短期・中期・長期的、それぞれにおいて考えましょう」

投手陣に対しては、「傾斜のない状態でのネットピッチングや立ち投げはいらない」と再度伝え、ブルペンでのインターバルピッチングを週3回やるよう提案しました。

そして、大事なのは、「何球投げたか」「変化球が曲がったか」ではなく、「狙ったところにどれだけ投げきれたか」であることも再確認しました。

この頃になると、アウトローに5〜6球決まる投手がだいぶ増えてきたので、ようやく「次の段階に行けるかな」と前向きな気持ちになってきました。

古巣・巨人2軍との練習試合

8月になると、秋のリーグ戦に向けて実戦が入ってきます。8月6日は京大との定期戦で、京大のキャンパスやグラウンドにもお邪魔することができました。東大の特別コーチをさせていただいたおかげで、東大・京大のOBの方々と同じ席で観戦することができ、大学野球の伝統を肌で感じることができました。

京大の先発は、その後２０１４年のドラフト2位で千葉ロッテに指名され、京大生として初のプロ野球選手となった田中英祐《たなかえいすけ》投手でした。東大は先発投手が5回に1失点。リリーフ投手が8回に2失点。打線は田中投手を打てず0‐3で敗れました。

その日から約2週間後、8月18日には、ジャイアンツ球場（川崎市多摩区）で僕の古巣・読売巨人軍の2軍とプロ・大学交流戦がありました。

東大
001010000―2
01022400×―9
巨人2軍

東大の先発投手は5回5失点ながら、4回には107キロのカーブで2009年のドラフト1位・大田泰示《おおたたいし》選手を空振り三振に斬って取りました。後続の5投手が4失点してしまいましたが、この日はプロと対戦しただけで十分だったと思います。投手陣は、プロを相手にどのコースに投げたら打たれるか、アウトにできるか、それがわかっただけでも大きな収穫です。

この試合の先発投手は、安心して見ていられるところまで成長してくれました。打たれたコースは失投でしたが、捕手の要求したところに投げたボールは凡打に打ち取ることができていました。バッテリーの組み立てどおりにアウトがとれたことは、自信につなげてほしいと思いました。

巨人にいる投手たちは、2軍とはいえ素晴らしい才能を持った選手ばかりです。しかし、たとえ東大の投手より20キロ球速が速くても、真ん中周辺のコースでは打たれるということが、東大の投手たちも見ていてわかったはずです。繰り返しになりますが、投手はスピードではなくコントロール。東大の投手たちも、改めてコントロールの重要性が理解できたと思います。

リリーフとしてマウンドを任されながら、四球で自滅した投手もいました。マウンドで力任せにエイヤッと投げても結果は出ません。ストライクがなかなか入らず、対戦してくれた巨人にも申し訳ないと思いました。ただ、結果は変えることができません。大切なのは「マウンドでストライクが入らず苦しかった」という反省材料を次に活かせるかどうかです。それは、チームメイトでも監督でもなく、自分自身がやるしかありません。気持ちをきちんと入れ替えれば、必ず次に活きてきます。

春のリーグ戦以降、投手だけでなく捕手、内野の守備もレベルアップを実感しています。ただ、この日はプロとの対戦ということもあり、外野への飛球が多かったのですが、打球判断の第一歩であるスタートや打球の追い方がまだ不十分で、準備不足を感じました。外野守備も、さらに磨きをかけないといけない。そんな課題が見つかった試合でもありました。

秋季リーグ開幕

9月14日、ついに秋季リーグ戦の開幕です。

初戦の相手は明大でした。東大の先発投手は立ち上がりからアウトローが決まり、好調な滑り出し。2回にライトの犠牲フライで1点を許したものの、5回まで2安打。しかし、0-1の6回、1アウト一、三塁という絶好の同点機を三振ゲッツーで逸《いっ》してしまいました。守りでは、普段は守備のうまい遊撃手が2失策、外野もジャッグルのミスが出ました。先発は6回3分の2、7安打3失点で降板し、「勝負どころで甘く入って粘りきれなかった。もっと粘らないと」と反省の弁。2番手以降も失点はありましたが、自責点0の好投でした。5失点はしたものの、失策があった中で投手陣はよく粘ったと思います。打撃のほうは1安打、14三振。0-5の57連敗に「お粗末すぎ」」と浜田監督も苦言を呈していました。

雨で2日間試合が中止となり、明大2回戦は9月17日に順延となりました。先発の左腕はいきなり2四球。浜田監督がマウンドへ激励に行きましたが、次打者も四球、ノーアウト満塁となったところで投手交代。1年生が3番・三塁手で2安打デビューも0‐16の大敗でした。

この大敗の3日後、練習に参加しました。まずは、先日の講義で伝えたことを再度みんなで確認しました。

「今みんなができることは何か。投手は今から150キロを出すことは難しい。ならばコントロールだよね。明大には屈辱的な負け方をしたけど、すべてを今後に活かさないと意味がない。どうしたらコントロールがよくなるか、もう一度考えよう。〝選択と集中〟だよ。やることを選択して、集中してやっていこう」

明大2回戦で、0‐14の5回から前の試合で先発したばかりの投手が登板したのですが、これについては浜田監督と話し合いを持ちました。試合にならないのであれば、いい投手を使いたくなる監督の気持ちはよくわかります。また、あまりにみっともない試合をすると、まわりから苦言を呈されることもあるそうです。大学野球の現場もいろいろと大変なのだと理解はしていましたが、選手が潰《つぶ》れてしまっては元も子もありません。いい投手ならなおさら無理をさせず、次の試合にいい状態で投げさせてあげたい。僕自身も体格に恵まれなかったので、コンディションだけはいい状態でマウンドに立とうと常に心掛けていました。そのためには、しっかり「準備」することが大事です。監督には、「試合で投げる投手は、やはり事前に決めておきましょう」と改めて提案させていただきました。そして、狙ったところに投げきれる投手がほかにも早く出てくると心強いなと思いました。

さて、さっそくブルペンでの指導です。ある投手は、狙ったところに投げようとするあまり、気持ちがどんどん前に出て、それにつられて上体もかなり前に突っ込んでしまっていました。気持ちは前でもかまいませんが、投手は傾斜に対応しなくてはいけないので、頭と重心は後ろに残さないといけません。マウンドの横で、「頭を後ろに残して」「右肩を落として」と何度も言い続けました。

浜田監督はこれまで、東大の投手の何人かをサイドスローにするよう指導していました。オーバースローに比べてサイドスローで癖のあるボールを投げるほうが打たれにくいからです。実際、東大の勝利投手の8割はサイドスローだったというデータがありました。浜田監督は1年生のある投手にも、7月からサイドスローに変えるよう指導していました。

彼は高校2年まで内野手で、今でも遊撃を守ることがあります。ピッチングでは球に力があったので、コントロールがつけば面白い存在です。ただ、今までは両目で捕手のミットをしっかり見ることを常識として教えられてきたため、肩の開きが早いという弱点がありました。肩の開きが早いと、早い段階で打者にボールを見せてしまうことになります。そこで僕は、**「左の肩甲骨に目があるような感覚で打者を見てみよう」**とアドバイスしました。「右肩を出さない」「打者に胸を見せない」など人によって表現の仕方が違いますが、どれも同じことです。すると、右足に体重が乗るようになり、コントロールも球の伸びも急によくなりました。監督は「これなら行ける」と判断し、2日後の早大2回戦で即ベンチ入りすることになりました。

　二浪して入部した1年生は、もともとポテンシャルが高い選手でしたが、股関節に体重を乗せるようにアドバイスしてきた成果もあり、これまで頭が前に出ていたのがだいぶ修正されてきました。あとは、体重移動の最後に体重が完全に乗り切っていない状態で腕を振っていたので、そこを修正する必要がありました。

　よく「腕が振れない」という投手がいますが、正しい投球フォームができていれば「腕を振ろう」という意識は不要です。右肩がしっかり下がっていれば、リリースまで加速する距離が稼げるので、腕を振ろうと意識しなくても腕は勝手に振られます。また、最後に体重が乗り切らないと下半身が不安定になるので、どうしても「腕を振らなくては」という意識が働いてしまいます。つまり、**「腕を振ろう」と意識しているうちは、正しいフォームができていない**ということなのです。

1年生を見ていて思ったのですが、僕がもし大学生だったら、1年生でストレートを狙ったところに投げられるようにする、2年生で変化球を一つ投げられるようにする、3年生でもう一つ変化球を投げられるようにする、と目標を立てます。3年生の時点でストレートと二つの変化球を思いどおりに操《あやつ》れたら、3年と4年でかなりの成績が残せると思うのです。4年間、その場しのぎの投球しかしないのでは、何の進歩もありません。そこで、僕は1年生にこんな提案をさせてもらいました。

「今年はストレートだけ磨く、来年は一つ変化球を磨くというのはどうだろう。試合ではその二つの球でカウントを稼いで、ボール球でもいいときにはもう一つ変化球にチャレンジしてみればいい。勝負球には、すでに習得したものを使えばいい。目先の試合だけにとらわれず、4年間でステップアップしていくといいんじゃないかな」

ついに打撃指導も――ダウンスイングという常識の嘘

秋の第3戦は9月21日、早大1回戦。先発投手は、初回2アウト三塁は無失点に抑えましたが、2回、先頭打者に安打、暴投、バント処理を一塁へ悪送球し1失点。さらにバント、犠牲フライで2失点目。3回からは9球、5球、4球と少ない球数でアウトを重ね、6回1アウトから3安打で2点を失い降板。四球は0でした。

攻めては5回、安打とバント安打で1アウト一、二塁のチャンスを作ったものの、ライトフライでタッチアップを狙った二塁走者が刺され併殺。また、打線強化のために翌日2回戦で先発予定だった投手を5番に入れていたのですが、9回に頭部死球で退場。明日の先発が不可能になってしまいました。

0-5の敗戦。春から39イニング連続無得点で59連敗。「得点が見たい。オープン戦から3週間くらいタイムリーを見ていない」と浜田監督は嘆きました。

9月22日。早大2回戦。前日、頭部に死球を受けた左腕がベンチ入りせず、代役の右腕が先発です。1回裏の攻撃、連打で1アウト一、二塁の好機を作り、4番が左越え三塁打で2点先制。今年初の2点リードです。しかも打ったのは4月21日に完全試合を喫した早大・高梨選手から。ベンチは大いに盛り上がりました。しかし、3回に同点とされ、2番手の1年生投手以降が5回に大量7失点し、結局2-10の黒星となりました。

9月30日に練習に参加し、まず浜田監督とローテーションの相談をしました。これまで、土曜は最も安定感のある右腕、日曜に左腕が投げていましたが、ほかのチームは土曜にエースを投入してきます。そのため、勝てる可能性を考えて、右腕を日曜の先発にしたほうがいいのではないかと提案しました。これには浜田監督も賛同してくださり、今後は土曜に左腕、日曜に右腕が先発することになりました。

投手陣は右腕を中心に、だいぶ試合を作れるようになってきました。となると、勝利に必要なのはさらなる守備の強化と打撃力のアップです。僕は投手の特別コーチで、打撃には大先輩の谷沢さんがコーチとしていらっしゃったので、打撃指導はしないつもりでした。しかし、谷沢さんから「投手目線の話も聞かせたいから、桑田の打撃理論を話してもらえないか」と頼まれ、監督からもお願いされたので、僕なりの考えをみんなに話すことにしました。

打撃では、昔から「ダウンスイングで打て」という指導方法があります。でも、**投手の目線で言うと、ダウンスイングの打者は打ち取るのがとても楽です**。なぜかというと、ボールはリリースしたところからストライクゾーンに向かって上から下へと軌道を描きます。そこにダウンスイングすると、ボールとバットの接点は一点だけ。こんなに確率の低い打ち方はありません。カーブなどの変化球はもっと打ちにくくなります。高めのストレートだけはダウンスイングの軌道と合って打ちやすいので、投手はそこさえ気をつけておけばほぼ打ち取れます。僕も現役時代、1球目で打者がダウンスイングをしてきたら「ああ、低めに集めればいいんだな」と思ったものでした。また、ダウンスイングをすると、投球と同じで右肩（左打者の場合は左肩）が前に出てしまいます。つまり、体の開きが早くなるということです。体の開きが早いのは、投手、打者に限らずいいことではありません。

王貞治氏の日本刀でのスイング。このダウンスイングは「修正作業」だった　写真提供／ベースボール・マガジン社

王貞治《おうさだはる》さんが真剣で素振りしているシーンを、みなさんもテレビなどで見たことがあると思います。まさに、真剣を上から振り下ろす感じです。また、王さんが打席に入る前に、ネクストバッターズサークルでさかんにダウンスイングしているシーンを記憶している人もいるでしょう。しかし、打席に立ち、ホームランを打った映像を見ると、バットは水平＝レベルスイングどころか、水平よりもアッ

パー気味に下から出ていることがわかります。

これについては、僕は実際に王さんへ確認しました。王さんは、普通に振るとすごくアッパースイングになってしまうので、それを修正するドリルとして、上から極端にダウンスイングする練習をしていたのだそうです。つまり、あの真剣での練習は、〝修正作業〟だったわけです。試合では、レベルからアッパーでスイングしていたと話されていました。

そのことを知らずに、王さんの練習方法だけを見て「上から振り下ろせ」と指導する人がとても多い。打撃はダウンスイングではなく、レベルスイング、もしくはわずかなアッパースイングのほうが適しています。なぜなら、**ボールの軌道を点ではなく線、もしくは面で捕らえることができるから**です。野球は広角に打てるスポーツで、（右打者の場合）スイングが遅れてもライトに、早くてもレフトに打つことができるので、線や面で捕らえるという感覚が必要なのです。

また、打撃では「構えたところから最短距離でバットを出せ」という指導法もあります。「そのためのダウンスイングだ」とも言われます。でも、バッティングで大事なのは最短距離ではなくスイングスピード、つまり最速であることです。走塁でも、ベース上を直角に曲がって最短距離で走る人は誰もいません。曲線を描くほうが最速で走ることができ、セーフになる確率が上がるからです。**打撃でも走塁でも、野球では「最短」ではなく「最速」であることが大事**というのが僕の考えです。

この話をしているとき、浜田監督が難しい言葉を教えてくれました。**「最速降下曲線＝サイクロイド曲線」**。直線、すなわち最短距離よりも、曲線を描いたほうがスピードが速いという法則です。これは、「最短距離で振るよりも、なだらかな曲線を描いてスイングするほうがインパクトに向けてバットが加速していく」ということを意味しています。しかも、「この理論は高校の数学で習うのです。ここにいる学生たちはみんなそれを理解しています」と浜田監督は言うのです。それを聞いて、僕の考えは理論的にも正しかったのだと確信できました。そして、すでにこの理論を知っている選手たちは、僕の言うことをすぐさま理解してくれました。さすが東大生だと思いました。

もう一つ、僕の打撃理論は「打つ」のではなく、「（バットで）キャッチする」「（バットの芯《しん》で）捕る」というイメージです。キャッチボールのようにボールを「捕る」感覚です。キャッチボールはグラブの芯で捕りますが、打撃でも同じようにバットの芯で「捕る」のです。極端かもしれませんが、キャッチボールをしておけば打撃練習はいらないと言ってもいいくらいです。投手の視点で言えば、ブンブン振ってくる打者よりも芯に当ててくる打者のほうがイヤなのです。

ボールを「打つ」「叩く」「潰す」という感覚はありません。構えたところからタイミングを合わせて、両ヒジが伸びきる前にボールをバットの芯で「捕る」のです。超スロー映像で見ると、いい打者はインパクトの瞬間に後ろのヒジが曲がっています。その一瞬の間に、「このままだとセカンドゴロだから、バットの角度を変えて一、二塁間に打とう」と判断し、打球をコントロールするのです。一流の打者には、そういう感覚があるはずです。「打つ」「叩く」というイメージだと、インパクトの瞬間にヒジが伸びきってしまってコントロールができず、打球の行方はボール任せにしかなりません。

打者の目的は野手のいないところにボールを打つこと。もしくはフェンスオーバーです。東大の打者にはフェンスオーバーにできる力がまだないので、このような技術を身につけて、とにかく野手のいないところに打つ練習をしてみたらどうかとアドバイスしました。

ひととおり僕の打撃に対する考えを話した後、今度はブルペンに向かいます。

ある投手に「アウトローの精度を高めよう」と話したら、「アウトロー一辺倒だと、打者が踏み込んで来るんです」と悩みを打ち明けられました。それならば、インコースを使えばいい。アウトローに投げられれば、インコースに投げるのは簡単です。ホームベースとラインの間に投げて、次にアウトロー、次にインコースというイメージでやってみようと提案しました。詰まったらアウトになる確率が高いし、インコースの後のアウトコースは遠く見えるので、バットの芯で捕らえられる確率が下がります。

この練習をするときは、「踏み込まれた、では次はインコースのボールのストレートを投げます」「アウトローでストライクを取った、では次はストライクからボールになるアウトローのスライダーを投げます」と宣言して投げる練習をしようと言いました。これがブルペンでできてこそ、試合でやることができます。ただし、これはコントロールにおいて最も難しい第3段階。まずはアウトローの制球を引き続き磨いて、来年はピンポイントで四隅に投げる技術も習得していこうと伝えました。

また、別の投手は右肩を下げるときに、しっかりと体重が乗っていませんでした。投球指導では、よく「トップを早く高く作れ」と言われますが、どうしてもその癖が抜けないため、右肩が十分に下がらず体重がしっかり乗りきらないのです。腕が上がるのが早いと、ボールの出所が打者に早く見えてしまうというデメリットもあります。トップは早く高く作ってはダメ。ヒジはリリースのときにいちばん高くならないといけないのです。

牽制の練習をしている投手もいました。彼は、ストレートの握りでしか牽制をしていません。それでは、フォークなど変化球の握りにしたときに、牽制をしないことが走者にわかってしまいます。ストレートの握りだけではなく、カーブやフォークの握りをしておいて、わからないように握り替えて牽制するという練習もしてみようと伝えました。

10月4日。この日は、少し雨も落ちるような天候でした。でも「天気が悪い、かったるいなあ」と考えるのではなく、「試合でもこういうときがある。天気が悪い日のグラウンド状況で打球を受ける、走る、投げるには何が大事かを知る最高の練習だな」と切り替えることが大事。マウンドがぬかるんだらどこに気をつければいいのか、人工芝は滑るからどう対応したらいいのか、打球はスピンするから処理はどうしたらいいのか、「何か気づきがあるように」と頭に入れて、ちゃんと準備をして練習しようと声を掛けました。

今日は、まずブルペンからです。半分の確率でアウトローに決まるようになった投手には、四隅に投げ分ける練習をしてもらっていましたが、それ以外の投手には改めて、コントロールの第2段階である「ライン出し」の練習をしてもらうことにしました。「左右のコースの投げ分けか、高低の投げ分け」を意識した練習です。ライン出しはカウントを稼ぐときに有効で、これができると試合を作ることができるようになります。大学野球のレベルであれば、このライン出しはしっかりできていてほしいというのが正直なところです。

打撃練習では、浜田監督と秘策を練りました。エンドランの使い方や、1アウト二塁でバントエンドランをするなど、東大ならではの頭脳を使った奇襲戦法です。「セオリーどおりの野球をするのではなく、相手が予測しないようなこともしたほうがいいですね」と話をさせてもらいました。

この日、僕は初めて打撃投手をやりました。最初は投手陣の練習のために投げるつもりだったのですが、「せっかくなのでレギュラーに投げてくれませんか」と浜田監督に言われたのです。マウンドの少し前から、一人4球×3セット×6人。ポンポンと早いテンポで72球を投げました。僕の投球を打つことで、何か打撃に対してコツをつかんでほしい。試合で1点でも多く取れるように、何か気づきがあってほしい。そんな思いを込めながら投げました。

二度目の屈辱

10月6日。慶大1回戦。左腕投手が先発です。1、2回の1アウト一、三塁は乗り切りましたが、3回に1失点。攻めては1回2アウト一、三塁。3回1アウト一、二塁の好機を逃します。4回2アウト二塁でレフト前ヒットが出て、二塁走者がホームを突きましたがアウト。6回は1アウト一、三塁でスクイズがファウル。4球目に重盗のサインから三塁走者が飛び出して刺されてしまいました。

先発投手は5、6、7回と、先頭打者にいずれも四球を与えましたが、何とか乗り切り、8、9回は1年生投手が無失点。たびたびのチャンスを活かしきれず、春に続いて0-1の惜しい敗戦でした。

10月7日、2回戦。先発投手は初回にエラー、四球のあと4番打者に3ランを浴びてしまいます。ボールが先行、5回にも犠牲フライ2本で2失点。打線は慶大の2年生左腕・加嶋宏毅《かじまこうき》選手に対し、完全に沈黙。7回までパーフェクトに抑えられました。8回、先頭打者が四球で出塁、完全試合は免《まぬが》れましたが、この走者も盗塁死。安打なし、残塁なしのノーヒットノーランを喫しました。

一年に二度のノーヒットノーランを喫するのはリーグ史上初めての屈辱です。「逃げて帰りたい。狙い球を事前に絞り込んだが、加嶋君がそれを上回るピッチングをした。制球力が素晴らしく、うちの打者が能力的についていけなかった」と、浜田監督は絞り出すようにコメントを残しました。

1回戦は0‐1と惜しい敗戦だと思ったら、2回戦は準完全試合を喫してしまうという、どうにも投打がうまくかみ合わない状態です。野球は本当に難しいスポーツで、なかなか結果が出ません。それでも、着実に力はつけてきているので、これを継続していくしかないのですが、シーズンに二度も屈辱を味わってしまいました。

しかし、悔しい負けではあるけれど、試合は作れている。試合の中には小さな勝利がたくさんありました。あのストレートはしっかりアウトローに決まった。あのレフト前ヒットは素晴らしかった。ショートゴロに打ち取ったあのシュートは最高のボールだった。そんなふうに、試合の中でたくさんの勝負に勝っているわけです。指導者として、まずはその勝利を称《たた》えてあげなくてはいけない。そして、選手たちにはその小さな勝利をどんどん自信につなげてもらいたいと思いました。

ノーヒットノーランをされてから、3日後の練習です。この日のテーマは、「どうしたらランナーを進められるか、点を取れるか」。たとえば、1アウト一、二塁、あるいは一、三塁の場面で、どうやって点を取るか。守るほうはどうしたら点を防げるのか。そういった場面を想定し、走者一、二塁、1アウト一、三塁、あるいは1アウト二、三塁といった実践形式で、打撃、スクイズ、重盗、エンドランの練習を行ないました。30分やったら攻撃側と守備側を交代。点を取るほう、守るほう、両方の立場からの実戦練習です。

ノックをしていると、受ける選手が捕球しかしていないことに気づきました。そこで、「打球を捕ったら、緩いボールでもいいから必ず投げよう」とアドバイスしました。なぜなら、東大守備陣のミスの半分以上は送球エラーだからです。

案の定、投手が一塁に送球ミスをしました。ピッチャーゴロはつい油断してしまいがちですが、捕るだけではなく投げて相手が捕ってベースを踏んで初めてアウトになります。「しっかり目標を確認して投げることが大事だよ」と繰り返し伝えました。送球では胸や顔ではなくベルトを目がけること。そうすれば上下左右に逸れても捕れる確率が上がります。投手の送球ミスが多いのは、相手の顔を目標にして上に逸れてしまうからです。

投手の守備は全体的に準備不足だったため、試合では慌ててミスをしていました。

速い打球が来たらどうするか。遅い打球ならどうか。それを常に準備しておけば体も反応しやすくなります。

野々垣コーチも、「ゲッツーを狙う4‐6‐3のとき、二塁手は打球を捕るのに必死です。だから遊撃手が『ハイ』と声をかけてあげよう。声の主が目標になり、投げやすくなるから」と指導してくれました。

遠い勝利――66連敗で秋季終了

10月12日。法大1回戦。先発投手は1、2回の1アウト二塁で3番、4番打者に対して見事にインロー、アウトローに決めて打ち取りました。4回からはカーブが決まりだしたのですが、この回に2アウト二塁から6番打者にセンター前タイムリーヒット。0‐1の6回には、遊撃手の2失策の後、ポテンヒットを打たれ1失点。0‐2の8回、球数が90を超えて疲れが出たのか、押し出しの四球と走者一掃の二塁打で4失点。万事休すです。0‐8の敗戦でした。終わってみれば大敗でしたが、7回まではいい試合をしていました。

10月13日、法大2回戦。2回1アウト、2ストライクからストライクのカーブを左越え二塁打にされました。2アウト一、二塁から遊撃手が逆シングルで打球を止め、本塁送球もいい球ならアウトだったのですが、若干《じゃっかん》逸れて生還を許してしまいます。ここで0 - 1。4回にも平凡な遊ゴロを低投してピンチを広げ、満塁から2点タイムリーを浴びてしまいました。先発投手も球数が100球超えの6回に、連続四球を与え降板。0 - 4の敗戦でした。

10月27日。立大1回戦。初回、2番打者に初球、真ん中の球を右中間に本塁打されますが、3回2アウト満塁、5回2アウト一、三塁を乗り切ります。打線は2回1アウト三塁、5回は1アウト一、二塁。6回も2アウト二塁と得点圏に走者を進めました。先発投手が4~7回をノーヒットに抑えると、7回は再び1アウト一、二塁のチャンス。7回まで立大が3安打、東大は5安打と、むしろ押し気味の試合展開。8回に2アウト一、二塁から詰まったタイムリーを浴び投手交代。7回3分の2、121球、5安打5三振、4四球、失点、自責点2と上出来の内容でした。

この好投に応《こた》えるかのように、土壇場の9回裏、2アウト一、二塁から左越え二塁打が飛び出し同点。延長へもつれこみましたが、10回1アウト二、三塁で、三塁手のエラー、スクイズ、タイムリーで3点が入ってしまい、またもや万事休す。2 - 5の敗戦でした。得点圏に五度走者を進め、9回には同点。勝てる試合だったので、「いちばん悔しい」と浜田監督も無念の表情を浮かべていました。

10月28日。この2回戦も惜しかった。0‐0の2回1アウト一、二塁。打者のカウント1‐1から、秘策のバントエンドラン敢行もファウルで失敗。先発投手はボール先行で苦しいながらも何とか3回の1失点だけで6回まで踏ん張ります。立大打線の残塁は6回で10。0‐1の8回に2番手が1アウト一、二塁としたところで次の投手を投入も、バント野選と右翼線二塁打で2点を奪われました。結局0‐3。10戦全敗で、66連敗となって秋季リーグが終了しました。

本当に、野球は難しい。簡単に勝つことはできません。しかし、6回まで3点以内に抑える試合が春5試合、秋も4試合あったように、先発投手が試合を作れるようになり、大差で負ける試合は確実に減ってきました。ある程度いいゲームができるようになり、順調に成長してきているという手ごたえを感じました。

1月の就任から、週に約1回のペースで指導をしてきましたが、「来季についても指導をお願いしたい」というオファーをいただき、喜んで引き受けることにしました。浜田監督とこれまでの反省をしたうえで、「投手のコントロール、配球を含めた守り」をもう少し強化したいと今後の相談をしました。来年はさらにステップアップして、なんとか勝利を勝ち取れるようにサポートしたいと思いました。

1年間の復習とオフの過ごし方

12月12日に、東大のグラウンドに行きました。4年生が部活動を卒業し、主将も交代した新チーム。「新しい主将率いる新チーム、一つになって頑張っていきましょう」とナインにメッセージを送った後、オフシーズンの過ごし方を相談しました。

「オフにやるべきことは三つあります。①故障や怪我があれば、完全に治すこと。②また打ちたい、投げたい、野球をやりたいと思えるまで、精神的にも肉体的にもしっかり休むこと。③春に向けて体調を整えて準備すること。この三つです。故障を治し、休んだら、来季に備えてください。プロは約2カ月のオフがありますが、東大は12月21日の納会から1月12日に根津《ねづ》神社参拝でスタートを切るまでの約3週間なので、少し短いですね。その間は十分な休養を取るよう心掛けてください」

先発を務めていた左腕は、「少し肩が痛い」と言っていました。そういうときは絶対に投げてはダメ。痛くない程度、できる範囲で投げる選手が多いのですが、痛いときは投げないことがいちばんです。若くて回復力もあるので、休めば早く治ります。年明けまではボールを握らないようにと念押ししました。

この日練習に参加した11人の投手には、まず三塁からレフトに引かれたラインの上に並んでもらいました。先発の右腕が投球フォームの4つのコツをほぼつかんでいましたが、ほかの投手はまだつかみきれていません。そのため、オフに入る前にもう一度おさらいしておこうと思ったのです。

まず、足の裏全体で土をつかむイメージでまっすぐバランスよく立ち、右肩を下げてヒップファーストを作る。このプロセスを10回ずつ繰り返します。足を地面につけてはいけません。平地のときからマウンドにいる感覚をつかみ、そこでバランスを取る練習をするのです。どんなときでも、暇があったら左足を上げて、このドリルを繰り返してくださいと伝えました。

今度はブルペンに移りました。先発を任せている右腕には、投球動作で左足を踏み出して着地をしたときに、一度動きをストップする練習をしようと提案しました。なぜかというと、テークバックしている右手を早く上げてしまうからです。ボールを握った手を下に落としておけば、リリースまでに加速する距離を稼げるのですが、早く右手を上げるとその距離を作れません。手に力を入れずに下のほうで楽にしておき、腕が上半身に引っ張られて自然に振られるようにするのです。普通のフォームで投げたいとは思いますが、しばらくは左足を踏み出して着地をしたところで一度止めてから投げるようにアドバイスしました。
もう一人、主戦投手となっている投手は、左手が体の外側に開くクセを修正しているところでした。グラブのある左手が開くと、ボールを持つ右手が上に引っ張られる。これも同じように加速の距離がなくなります。右手を前に出そうとすると難しいので、樽《たる》を体の前で抱え込むイメージを教えました。そうすることで、右手を上でなく前にできるようになります。また、彼は体重が3キロ増えて75キロになったと言っていました。走れないほど太ってはダメですが、これくらいならちょうどいいでしょう。正しい動きができると筋肉は大きくなります。僕も最盛期には174センチで83キロまでになりました。

そして、打撃についても少しだけ話をさせてもらいました。リーグ戦では速い投手を攻略できなかったので、速球を打つ練習ばかりしようとしていたのですが、タイミングを合わせて体全体で打てるようになるためには、緩《ゆる》い球を打つ練習をするほうが大事だと僕は考えています。実際、速球よりも緩い球のほうが打ちにくいはずです。次のリーグ戦に向けては、体全体を使って緩い球を打つ練習をしておきましょうとアドバイスしました。

また、打撃練習を見ていると、みんなつま先が閉じていることに気づきました。**解剖学的に言って、つま先を開かないと腰が回らない**はずです。みんな打席で重心がずれてしまい、腰が全然回っていません。腰が回転しないと球は飛びません。おそらく「ステップした前足のつま先を開いてはいけない」と教えられてきたのではないかと思います。

しかし、それでは腰が回転できないので手打ちになってしまいます。ステップした前足のヒザが開かなければそれでいいのです。打ち終わったらベルトのバックルが投手方向に向くように足を使います。下半身をしっかり回転させれば、その力が腕に伝わって打球は飛んでいきます。小手先のスイングを覚えるのではなく、体全体を使うことです。

それから、打撃ではトップを作ることも大切ですが、どの選手もトップが作れていません。一見、作っているように見えますが、打ちに行こうとするときに、トップの位置からさらに上や下、後ろに引いてしまっています。動いた分だけスイングの軌道はブレます。**トップではピタっと止まる。そこからワンアクションでバットを振る。**そのほうが打てる確率は上がります。投手にとっても、ずっとバットが動いている打者は怖くありません。

投手の場合は、「早くトップを作れ」というのは間違いだと言いました。では、打者のトップとは何でしょうか。これもまた、高い位置でなくていいのです。**「いつでも、そこから打ちにいける場所」がトップ**です。そのため、僕は打撃のときもピッチングと同じように右肩を落としていました。言葉に騙《だま》されないようにすることが、上達の近道かもしれません。

それから、技術的なことではありませんが、僕が何か声を掛けたり、アドバイスしたりすると、そのたびに帽子を取る選手がいました。「時間がもったいないから、わざわざ取らなくていいよ」と伝えました。グラウンドではプレーヤーズファースト（選手最優先）。練習の時間は貴重なのだから、選手の時間は1秒も無駄にしたくありません。最初に挨拶《あいさつ》したら、最後までしなくていい。練習中に何度も帽子を取って挨拶するのは虚礼《きょれい》です。そういう無駄な習慣も、今後野球界からなくしていかなくてはなりません。

12月18日。年内最後の指導で、オフの過ごし方の再確認をしました。故障や怪我を治すこと。リフレッシュすること。そして、「また野球がしたいな」と思えるような準備をすること。投手は肩とヒジを休めるために投げなくていいので、基礎的な体力アップを意識してオフを過ごしてほしいと伝えました。年明けに集合するとき、心身ともにベストコンディションで練習をスタートできるようにしておくこと。それが、オフのいちばんの目的です。

ただ、**体は休めても頭は使ってください**と言いました。オフが終わったら、自分の課題、長所、性格をまとめた自己分析カルテを提出するようにお願いしました。もともと、自分自身と他人では評価が違うもの。選手自身が考えていることと僕が感じていることをすり合わせていき、そのギャップを埋めていく作業をしながら、勝利に向けて2年目をスタートさせたいと思いました

第4章

大事なことは「明日」と「次」

――指導日誌③ 2014年春季リーグ

選手と意見交換をする

2014年1月15日。2年目のスタートです。

1年目はあっという間でしたが、東大の選手たちにはいろんな提案やアドバイスをすることができ、彼らも成長する姿をたくさん見せてくれました。僕自身も、彼らの成長から多くのことを学ばせてもらいました。

2013年は、東大野球部の防御率が2000年以降で最高だったそうです。何より投手たちが頑張ってくれた結果ですし、僕もそのきっかけになれていたのなら嬉しいと思いました。1年目で勝利をつかむことはできませんでしたが、プレーボールの直後に一方的な試合展開でゲームセットが見えるような試合も少なくなり、中盤まで接戦ができるようになったことには大きな手ごたえを感じていました。また、野球は自ら考えて行動しない限りうまくならないと僕は思っているのですが、積極的に質問に来る選手も少しずつ増えてきて、それも大きな進歩だと思いました。

そんな収穫があった一方、当然ながら課題もまだまだたくさんあります。自信を持って試合に臨《のぞ》む選手も増えてきましたが、プレッシャーのかかる場面では不安そうな表情もよく見られました。東大の選手の多くが、甲子園のような緊張感を伴う試合の経験をしていないこともあると思うのですが、不安や恐怖心を克服できるだけの自信をもっとつけなくてはいけないと感じました。選手たちには、「練習は量や時間ではなく質。技術力を磨くことが大事だよ。常識を疑い、仮説と検証を繰り返しながら技術力を身につけていこう」と繰り返し伝えました。

投手にはオフの間に自分でカルテを作ってもらい、それをもとに一人ずつ面談を行ないました。これは、選手と僕がお互いに意見を出し合いながら、一緒に方向性を見つけていくためです。

僕は、**指導法は「命令型」「放任型」「協調型」の三つのタイプに分けられる**と考えています。野球界の指導のほとんどは命令型です。野球経験のない監督やコーチは、どうしても放任型になってしまいます。僕が目指しているのは協調型です。選手の話を聞きながら、僕の意見も言って、お互いに議論し合う中で目標や練習方法を決めていく。そういった議論の土台として、各選手に自己分析カルテを作ってくださいとお願いしたのです。

カルテを見てみると、ほぼすべての投手が小・中・高の間に肩やヒジなどを怪我していることがわかりました。僕らの頃とは違って、今の時代は水を飲んでも怒られないし、ミスをしたら殴られるといったプレッシャーもない。練習のやりすぎということもないでしょう。それにもかかわらず怪我がここまで多いとは、正直とても驚きました。フォームが悪い、体が弱いなど、原因はいろいろと考えられますが、怪我を繰り返さないためのコンディショニングについて、もう一度おさらいする必要があると感じました。

練習のための練習はいらない

1月31日。特別コーチとして指導を始めて、ちょうど1年が経《た》ちました。みんなの性格も少しずつわかってきて、勝たせてあげたいという気持ちがさらに強くなっているのを感じました。

さっそく、一人の選手が僕のところに質問に来ました。守備は安定しているものの、打撃に課題のある遊撃手です。「僕のバッティングはどうですか」と聞いてきました。彼は、線が細くて長打を打てる体ではありません。スイングもそこまで速くないのに、大振りしていました。そこで、僕はこう提案しました。

「投手目線で言うと、君のスイングは打ち取りやすい。投手が嫌がるのは、バットを少し短く持って、空振りせずにコツコツ当てること。特にランナーがいるときに空振りしてくれない打者を投手は嫌がる。君はたとえ線が細くても、バットの芯に当てれば内野は十分越えていく。大振りせずシャープに振ったほうが、投手から見るとイヤだと思うよ」

また、バント練習をしていた別の選手は、「バントがうまくいかないんですが、どうしたらいいでしょうか」と聞いてきました。彼は、左手をグリップエンドのかなり上方に添えていました。その構えだと両手が近すぎてバットの操作が不安定になるので、「左手はグリップエンド寄りで握るといいよ」とアドバイスしました。さらに、両手が近すぎるとバスターができないので、バントしかないことが相手にわかります。僕が投手なら、投げた瞬間に猛然とダッシュします。彼には、「左手は普通にスイングするときと同じ位置で、右手だけを上方にずらす。バスターがいつでもできる構えでバントをしてみよう」と伝えました。

些細《ささい》なことかもしれませんが、東大野球部はそういう小さなことをコツコツ重ねて、一つでも先の塁にランナーを進めて勝利につなげていくしかありません。ただバントの練習を20球やるのではなく、投手や内野手のスタートを遅らせるために、いつでもバスターができる構えでバントを練習する。そういった練習こそ、試合のための練習です。練習のための練習はいらないというのはそういうことなのです。

ブルペンでは、二人の投手が並んで投球練習をしていました。

一人は新2年生の投手。彼の高校には野球部がなかったそうです。「野手では、高校時代サッカー部だった子もいるんですよ。東大野球部では珍しいことではありません」と、浜田監督がおっしゃっていました。彼は素晴らしい回転のボールを投げていました。そこで僕は、彼にこんなアドバイスをしてみました。

「君の球は回転がいいからこそ、握りを変えるだけでいい変化球が投げられる。フォーシームできれいな回転のボールが投げられているから、同じ感覚でツーシームにするとボールが打者の手元で小さく動くようになるよ。狙ったところに投げきれれば、その微妙な変化で打者を打ち取りやすい。4年生まであと2年あるから、今のうちから変化球を磨く意識を持っていこう」

狙ったところに投げきれれば、変化球が武器になる。それによって打者を抑えることができる。そうやってうまくなればなるほど、野球は楽しくなるのです。早くうまくなって楽しんでほしいなと思いながら、そんなことを伝えました。

もう一人は、二浪で入学した新2年生の投手です。浜田監督によると、彼はメンタルが強く、ボールが速い。ただ、浪人で2年のブランクがあるせいかコントロールがよくないので、抑えで使いたいところを我慢しているということでした。

　彼は、「右打者のアウトローに投げようとすると、シュート回転して真ん中に入ってしまうのですが、どうしたらいいですか」と質問に来ました。それならば、そのシュート回転を直さずに武器にしようと提案しました。右打者のアウトローは捨てて、左打者のアウトロー、右打者のインコースを中心に投球を組み立てるのです。

「外角はボールでいい。ストライクを投げようと思うから窮屈《きゅうくつ》に感じる。ボールでいいと考えれば心理的に楽になるから、その中で感覚をつかんでいけばいい。そうすればストライク気味のボールに微調整できるようになるよ」

　投球練習の後に、この日出席した11人の投手にレフトのライン上に並んでもらいました。投球フォームのドリルをもう一度おさらいするためです。

　まず、左足を上げて、①右足だけでバランスよく立つ。これで1分間制止します。次に、②右肩を下げてヒップファーストの形を作り、1分間制止。そして、③体重移動して、④体重を乗せ返したところで、また1分間制止。①、②、④のところでそれぞれ1分間制止するのです。30秒くらい立つと、みんな足がブルブル震えてきました。これができるようになれば、体が感覚を覚えてくれます。1分ずつのセットが終わったら、今度は30秒ずつ。ラストは5秒ずつにして、実際の動きに近づけていき、それぞれの動きをチェックしていきました。

野手としても試合に出ることのある左腕の投手は、「外野から送球するときはいいボールが行くのですが、マウンドではその感じがつかめません」と言ってきました。傾斜の上でプレーするのは、やはり難しいということです。彼には、「少し大げさにこのドリルをやると、体が感覚を覚えることができて、マウンドの傾斜に対応できるようになるよ」とアドバイスしました。

次に、投内連係の練習を行ないました。この練習はプロ野球でも流れの中でこなす練習になりがちなので、「しっかり試合を想定して練習しよう」と言いました。練習のときに試合のつもりでやっておかないと、本番の試合で練習どおりできないからです。

まずは、「3-1」の練習から。一塁手がゴロを捕ってトスして、投手がボールを受けてベースを踏んでアウトにする練習です。このプレーは簡単に見えますが、実はプロでも頻繁《ひんぱん》にミスが出るほど難しい。投手は、①一塁手からトスを受ける、②ベースを踏む、③打者走者から逃げるという三つの動作をほぼ同時にやらなくてはなりません。

ベースに入るとき、投手は直線ではなく弧《こ》を描いて走る必要があります。これは、打者走者とぶつからないようにするためです。ところが、練習を見ていると、一塁付近のファウルライン側に出て適当にベースを踏んでいる投手がいる。「もし試合だったら、打者走者に金具のスパイクで足を踏まれて怪我をしているよ。それで練習ができない、試合に出られないのはもったいない。ちゃんと考えて、防げるミスは防がなくちゃいけないよ」と注意を促《うなが》しました。

また、スタートが遅くて慌てて走っていく投手、走るときに弧を描きすぎる投手もいました。それでは、打者走者に追い越されてアウトが取れません。どのタイミングでスタートを切るか、どの角度で走るとプレーしやすいか、練習の中で探していくことが「試合のための練習」です。些細なことだと思われるかもしれませんが、小さなことをコツコツ重ねて、確実にアウトを取りにいくことが今の東大野球部には最も必要なことなのです。

しばらくその練習をした後に、投手と一塁手が交代します。自分のポジションを練習するだけでなく、相手のポジションも練習するのです。これは、相手のタイミングを感じてもらうため。一塁手は「どのタイミングでボールを投げると投手が捕りやすいのか」、投手は「どのように走ると一塁手が投げやすいのか」と、相手のことをお互いに理解することで、いい連係ができるようになるのです。

次に、ノーアウトもしくは1アウト走者一塁の場面での練習です。この場面では、ピッチャーゴロになったら併殺しかありません。投手が捕って遊撃手に送球し、遊撃手が二塁ベースを踏んで一塁に送球します。その際、遊撃手は三塁側から入って二塁ベースを踏んで一塁に送球しますが、投手はどこに送球すれば遊撃手が捕りやすいか、それを考えなくてはなりません。当然、二塁ベースにまっすぐ投げるのがベストですが、二塁ベースよりも一塁側で遊撃手の手の届く範囲なら大丈夫でしょう。なぜなら、一塁側は遊撃手にとって進行方向になるので、動きの中で無理なくボールが捕れるからです。

しかし、練習では三塁側にばかり逸れていました。これでは、遊撃手の進行方向と逆になるので、一塁への送球が流れの中でやりづらくなり遅れてしまいます。きちんと二塁ベース上か遊撃手の捕りやすい方向に投げられるよう「準備」すること。野手は前か横にしか投げませんが、**投手は３６０度すべての方向に投げなくてはなりません**。しかも、投手の守備のミスは失点にもつながりやすい。だからこそ、「準備」「実行」「反省」が必要なのです。

次に「１-５」の練習です。走者二塁で、バントの打球を投手が三塁に送球します。投手がバントを処理して三塁へ投げるということは、自分の右後方へ投げるということです。そのため、右投げの場合は回転して投げることになります。

このプレーには、とにかく時間がありません。二塁走者は大きくリードしている し、打者もよく見える。打者がバントすると同時にスタートを切ります。その間に投手はマウンドを降りてボールを捕り、三塁に投げてアウトにしなくてはなりません。三塁でアウトを取れればピンチをチャンスに変えられますが、セーフになったらピンチがさらに広がる。非常に大事なプレーです。

時間がないなら、どうすればいいか。何かを短縮する必要があります。通常であれば、投手は右、左のステップでゴロを捕って、また右、左とステップを踏んで投げる。全部で4歩です。これを一歩短縮して、ステップは、右、右、左の3歩で投げようと僕はいつも指導します。「早く投げろ」とか「捕ってすぐ投げろ」と言ってしまうと、投手は焦って正確に投げられません。そのため、僕は「まず右、右、左のステップを覚えよう。二回目の右のときには、足を90度回転させるのがポイントだよ」とアドバイスするのです。さらに、短縮された時間の中で、ボールを捕って握り替えながら体の向きを変えて投げないといけないので、一連の技術を練習で磨いていかなくてはなりません。

ステップができるようになったら、次は目線をできるだけ上下しないように意識します。回転しながらの動きでは、どうしても上半身が上下してしまいますが、それでは目標となる三塁手がブレて見えてしまい、制球が定まりません。捕った姿勢のまま、できるだけ目線を上下させないようにするとコントロールがよくなります。

このステップを紹介したとき、どの投手も「えっ、右、右、左？」と疑問に感じたようでしたが、実際に僕がやってみせると、みんなすぐに納得できたようです。今の僕の指導者としての強みは、やってみせることができること。選手たちも実際に見ればイメージや感覚、コツがつかみやすく、理解力が増します。最初は何人かできない投手もいましたが、「右、右、左」と声を出してやっていくうちに、徐々にできるようになっていきました。

最後にシートノックです。ダブルプレーのときに気になることがありました。まだ経験が少ない二塁手が、走者が滑り込んでくるところにステップしていたのです。練習だから走者はいませんが、試合で走者がいれば怪我をします。「試合でやらないことは練習しても意味がないよね。**練習のための練習はやめよう**。送球時に走者を避けて投げることで怪我を未然に防ぐのも大事なことだよ」と伝えました。

送球のとき、2回も3回も続けて高い球を投げる選手も気になりました。守備練習では、「送球はまっすぐ低く。ワンバウンドでもいい」と何度も伝えています。僕は、「1球ごとに準備、実行、反省を繰り返すんだよ。そうすれば同じミスをすることはない。練習のときに1球で修正できるようにしておかないと。試合では『もう一丁お願いします』はないからね。試合のつもりでやっていこう」と言いました。

多くの得点が期待できないチーム。投手を中心とした守りで勝利をつかむ必要があるだけに、守備力がアップしないと勝機は訪れません。そんな思いから、守備の指導にも力が入りました。

小さな成功体験を積み重ねる

2月2日。午前8時、グラウンドに全員が集合しました。練習時には、監督、主将、選手がいつも一言ずつ話すのですが、この日は監督から「桑田さんも一言お願いします」と言われたので、こんなことを話しました。

「プロ野球をはじめ野球界には、たくさん練習をしたらうまくなると思っている人が多いですが、僕はそう思いません。大事なのは、当たり前の練習に対して、『またこれか』『今日はもういいかな』と思わずに、コツコツ地道に丁寧《ていねい》に積み重ねていくこと。やり続けるのはしんどいと思いますが、それを乗り越えて、自分に勝つ練習を普段からしていきましょう」

そして、これも毎回恒例ですが、最後に全員で「東大野球部訓」を唱和《しょうわ》します。ただ、この日は唱和の中に一つ変化があることに気づきました。

《人として
東大野球部生であることを肝《きも》に銘《めい》じよ
チームとして
戦う集団であれ
個の練習は
限界突破プラス5
俺たちは
勝つ！》

最後の「勝つ！」の部分は、前回まで「優勝！」でした。これまで1年間、練習のたびにこの唱和を聞いてきたのですが、「優勝！」と言うとき、誰一人として「絶対優勝するぞ」という顔をしていなかったことに、僕はずっと違和感を抱いていました。もちろん、優勝という大きな目標を持つことも大事なのですが、まずは「1勝」という現実的な目標に目を向けることが大事。そんなことを監督に話したことがきっかけで、数日前に変えたとのことでした。

この日は、外科医であり筑波《つくば》大学硬式野球部長兼チームドクターの馬見塚尚孝《まみづかなおたか》氏が練習見学にやってこられました。昭和43年の4月生まれ。僕と同い年の先生で、少年硬式野球ボーイズリーグのチームで小学生の指導もされているそうです。まずはスポーツ医学に関して話が弾《はず》みました。

ここで話題に上《のぼ》ったのが、「キープ・ウォーム」という考え方です。体表面温度が32度以下になると末梢《まつしょう》神経への伝達が遅くなり、体の動きが自分で思うより少し遅れて、怪我をするリスクが高くなるそうなのです。昔から投手はベンチにいるときにジャンパーを羽織る習慣がありましたが、昔の人は表面温度を下げないほうがいいことを感覚的にわかっていたのでしょう。僕自身も、汗をかいたら体が冷える前にアンダーシャツをこまめに替えていました。

この日の練習を見ていても、たとえばシートノックをしている際には、打者以外の外野手は肌が冷えているはず。対策として、動ける程度に厚着をする、温かい飲み物を摂取するなど、そういった工夫を取り入れていくべきだと再確認できました。

さて、まずは投手陣のノックです。野球界の常識では、正面で両手を使って捕ると教わりますが、投手の守備は打者にいちばん近いところで速い打球を捕らないといけないので投げる手を添える時間がありません。最近は用具も進化していて、グラブも片手で捕れるように作られているので、片手やバックハンドで捕る練習をしました。投手は、バント処理など緩い打球を捕る場合は、グラブの土手に近いところで捕って、すぐ握り替えできるようにします。タッチプレーや捕球だけの場合は、ボールがはじかないように網目に近いポケットで確実に捕ります。速い打球は片手ではじき落とせばいいのです。

続いて、ブルペン練習です。なかなかアウトローに決まらなかった投手が、アウトローに3球連続で決まりました。これまではボールが散らばっていましたが、かなり安定してきたようです。一方、昨シーズン中継ぎで数試合好投した1年生の投手は、ずいぶん力んで投げていました。ボールを見るとシュート回転して真ん中周辺ばかり。「力んで投げても真ん中周辺に行ったら打たれるよ。狙ったところに投げれば、打たれても野手の正面に行くよ。君の長所は、球速よりもボールのキレがいいこと。

それを最大限活かすためにも、コントロールが必要だよ」とアドバイスを送りました。

オーバースローからサイドスローに変えた投手は、シャドーピッチングでフォーム作りをしていました。本人がサイドスローに変えたいというのでそれを尊重しましたが、サイドスローでも真ん中周辺に行ったら打たれるので、引き続きコントロールを磨いてこうとアドバイス。そのためには、ブルペンで狙ったところに投げるという小さな成功体験を積み重ねるしかないので、今までどおり1球ずつ準備、実行、反省をするようにと声を掛けました。

ある投手が「キャッチボールが10分では短いのではないでしょうか」と聞いてきました。でも僕は、10分だとむしろ長いと考えていました。東大のキャッチボールはテンポが遅すぎるのです。野球で試合のペースをつかむためには、リズムがいいこと、テンポがいいことが大事。キャッチボールからテンポよく行なう習慣をつけないといけません。テンポがよければ、10分のキャッチボールで十分な球数を投げられるはず。短いと言っている人がまわりにもいたようなので、「僕のアドバイスだと伝えてください。もし納得できない人がいたら、ちゃんと理由を説明するので直接聞きに来てほしい」と伝えました。

投球術のレクチャー

練習後、3回目の座学を行ないました。テーマは「投球術」です。非常に大切な話ですが、この話をするまでになぜ1年もかかったかというと、狙ったところに投げきるコントロールがないと投球術が使えないからです。

投球術では、3種類の球を組み立てていきます。**一つ目が「カウント球」です。**ストライクのカウントを稼ぐための球。見送り、空振り、ファウルのいずれかでカウントを稼ぎます。投手有利のカウントにすることが目的です。

二つ目が見せ球。これは、目の錯覚を使って次の球を効果的に活かす球です。たとえば遅い球を投げて、その後に速球を投げることでより速く見せる。打者に近いインコース高めに投げて、次にアウトローに投げ込んで遠くに感じさせる。次の1球を活かすための見せ球は、ボール球でいいのです。

三つ目が勝負球。これは、アウトに取る球です。三振、ゴロ、フライのどれでも構いません。勝負球を決めるためには、ピンポイントで四隅に投げきらなくてはなりません。勝負球のストレートはストライクゾーンの四隅、変化球はストライクの軌道からボールになります。

サインを決める段階で、バッテリーはこの三つのうちどれを投げるか、意思疎通《そつう》が必要です。初球はカウント球でストライクを取りに行くのか、ボール球を見せるのか。初球を打ってくるタイプの打者なら、勝負球という選択肢もあります。逆に初球を見送るタイプの打者なら、カウント球でど真ん中に投げればいい。たとえば「この打者は外のスライダーに空振りが多く、インコースのシュートにファウルが多い」というデータがあるのなら、まずインコースに投げてファウルにし、ストライクのカウントを稼ぐ。2球目はボール球の見せ球を使って、最後にアウトコースのスライダーで打ち取る。そういった具合に、考えながら投球を組み立てるのが投球術です。

ただし、それができるのは、狙ったところに投げきる技術があってこそ。コントロールを習得していないと、知識として投球術を知っていてもまったく使い物になりません。だからこそ、僕はこの1年間ずっと「コントロールが大事だよ」としつこいくらいに伝えてきたのです。

以前の東大の投手は、エイヤッと気力や根性でボールを投げていて、みんな「なんとかアウトになってくれ」という神頼みのような投球をしていました。そのため、アウトを一つ取るごとにホッとしていたと思います。でも、それはラッキーのアウト。

運任せだから、根本的なところで自信が持てません。でも、自分で戦略を立ててアウトを取っていくと、自信を持てるようになります。１勝を手に入れるために投手陣にはぜひそのレベルを目指してほしいと思いました。

また、投球数についても投手陣に一つ誤解があったようなので、修正をお願いしておきました。僕が「投げすぎないように」「量は必要ないよ」と口を酸《す》っぱくして言い続けたせいか、みんなのカルテを見ると、練習で投げている球数が少なすぎたのです。僕は球数まで正確に把握していなかったのですが、２月から数を記録してもらって集計したところ、月に３００球しか投げていませんでした。これでは、１日10球。さすがに投げなさすぎです。

そこで、今後は試合を含めて月に最低６００球投げるよう提案しました。毎日20球×30日で６００球になります。１日おきにしても40球×15日で６００球。投手として競技力を高めるには、これくらいは最低限必要な球数です。ただし、ネットピッチングや遠投は不要。必ずブルペンで傾斜を使って６００球を投げてくださいとお願いしました。

2年目の春季リーグが開幕

4月12日。2年目の春季リーグが開幕しました。最初の相手は、3連覇を狙う明大です。先発投手は立ち上がりでカーブが決まらず、1アウト一、三塁から三遊間を破られ1失点。続く2アウト満塁のピンチは外角ストレートで三振、何とか1点でしのぎました。続く2～5回は、内角へのチェンジアップが投球の幅を広げ、無失点。制球がいいと抑えられるお手本のようなピッチングです。

0-1の6回、1アウト二、三塁からファウルフライ。タッチアップで本塁を突いた三塁走者は、ライトからの返球を捕手が捕れていたらアウトのタイミングでした。もったいない失点で0-2。8回、2アウト二、三塁から8番打者に右越え3ランを浴び、さらに1失点。8回途中、6失点KOでした。打線はエース左腕・山崎投手に7回まで無得点に抑えられ、0-7の完封負けとなりましたが、投手は粘って投げられたこと、8回まで試合を作れたことは収穫でした。

4月13日、明大2回戦。2年生右腕が初先発です。「大切なのはコントロール、スピードじゃないよ」と言い続けていたのですが、5四死球で1回持たずKO。代わった投手陣も制球難。5投手で15四死球、打線も4安打で2戦連続完封負け。結果は0-10で、連敗は68になりました。

選手たちもショックだったと思いますが、僕もショックでした。こういう結果はやはり落ち込んでしまいます。練習ではみんなそれぞれ少しずつよくなっているにもかかわらず、どうしてストライクが入らないのか。試合で本領を発揮するのは難しいことだなと改めて感じました。

4月19日。慶大1回戦。この日先発予定だった投手が先のカードで右足首に打球を受けたため、4年生投手が先発になりました。初回、三者凡退。2回、1安打2四死球でのノーアウト満塁をしのぎ、3回まで無失点。4回から右腕を起用。1アウト二塁から二塁打を浴びますが、右翼手のエラーといえる守備が痛かった。5回には3番に2ランを打たれ、6回から3番手。7回までは0-3。しかし、昨秋ノーヒットノーランを食らった加嶋投手をなかなか打てません。「うちには左の打撃投手がいないので、マシンを左に設定して打ち込んできたんですが……」と浜田監督。5投手をつぎ込みましたが、要所で踏ん張れず7回に致命的な2失点。9回にも2失点。二塁手が再三の好守を見せたのが唯一の好材料でしたが、加嶋投手の前に4安打完封負け、0-7。開幕から3戦連続完封負けで、69連敗。

4月20日、2年目最初の神宮での観戦です。その眼前で2-13の大敗。ワーストタイの70連敗となってしまいました。

東大	0	0	0	0	0	0	0	0	2	2
慶大	0	0	0	2	0	4	0	7	×	13

先発投手は、3回まで1四球だけの無安打無失点。しかし0-0の4回、5番に2ランを浴びました。0-2の6回で投手が交代しましたが、いきなり三塁手のエラー、野選、一塁手のエラーに2安打で4失点。8回にはなんと7失点。0-13の9回、打線は今季初得点（開幕からの無得点を35イニングでストップ）となる2点を取りましたが、焼け石に水でした。

この日、先発は全体的にボールが高かったのですが、それでも緩急《かんきゅう》をうまく使い、要所でコースに決めていました。ファウルを打たせてカウントを稼ぎ、テンポもよかった。直球をストライクゾーンの四隅に決めること、変化球をストライクからボールにするように投げきることができれば、内野ゴロやフライでアウトに取ることができます。目指していた投球はできていたので、合格点といっていいと思いました。

70連敗となりはしましたが、負けを引きずっても仕方ありません。過去は誰も変えることができない。**大事なのは、明日や次の試合をどうするか考えることです。**結果を変えたければ、何か行動を変えなければいけない。6回表までは0-2。攻撃でも得点機を作り、勝てるチャンスは十分にありました。

埋めがたい力の差。しかし……

5月3日。早大1回戦。先発投手は制球が悪く、初回2アウト二塁で4番に2ランを浴びてしまいます。3回には1安打4四死球に犠飛などで2失点。5回にも3安打を浴び、5回5失点KO。打っては有原投手ら早大投手陣の前に、散発3安打の完封負け、0-11。ワースト更新の71連敗となりました。

まだまだ他の5大学との力の差がありすぎると、実感せざるを得ない状況でした。慶大2回戦の後、試合後のミーティングに参加しましたが、マネージャーが「お前たちはもっとできるはずだ。どうして練習でできるのに試合でできないんだ」と涙ながらに選手に語りかけていて、それを見て僕ももらい泣きしそうになりました。

指導をさせてもらう中で、勝負の厳しさを改めて学ぶことになりました。ただ、勝負は最後まで諦めずに戦うことが大事。春季リーグも5試合が終わっただけで、まだ半分残っています。選手のみんなにはスポーツマンとして、すべての試合でゲームセットになるまで戦い抜く大切さを伝えていきたいと思いました。

5月4日。早大2回戦。

東大
000000000―0
055121000×―14
早大

今シーズン二度目の観戦も、先発の4年生投手が2回に先制本塁打を浴び、その後、6四死球で5失点。2番手の左腕も3回に5失点。また0‐14の大敗。72連敗。

試合後のミーティングに参加し、こんな話をさせてもらいました。

「ブルペンでやったことが試合でできていないよね。なぜできないのかというと、不安や恐怖心に押しつぶされているから。僕も今まで何度もマウンドに上がってきたけど、恐怖心と不安ばかりだったよ。でも、それを克服するためには、マウンドに上がる前から準備をしなくてはいけない。だから練習が大事なんだよ。完璧な調子でマウンドに立てる試合なんかほとんどない。やってきたことを信じて挑戦していくしかない。チャレンジしていきましょう」

5月10日。第4カード、立大1回戦。左腕が先発です。0-0の3回、2点三塁打とスクイズで3失点。6回に1失点。7回に2ランを浴びKO。打っては立大、澤田《さわだ》圭佑《けいすけ》投手（大阪桐蔭高校で現阪神の藤波晋太郎《ふじなみしんたろう》投手と同期）の前に6回までパーフェクトに抑えられました。0-7の7回、先頭打者が左前安打し、ノーヒットの屈辱は免《まぬが》れましたが、0-7の黒星。今季7試合中、6度目の完封負け。73連敗となりました。

5月11日。立大2回戦。初回、先頭打者のヒットと盗塁、2アウト三塁から4番が右前にタイムリー。今季初のリードです。さらに1-0の2回、6番の三塁打でノーアウト三塁。しかし、次の打者がスクイズを二度ファウル後に三振。1アウト後、カウント2ボールからスクイズを企《くわだ》てますが、ファウルとなり追加点ならず。先発は2

回の1アウト一、三塁を併殺で乗り切りましたが、3回、2アウト満塁から4番に外角高めのスライダーを逆転2点打されました。

1 - 2の4回、ヒットと振り逃げのノーアウト一、三塁と同点に追いつくチャンスに、強攻策に出るも三振。1アウト後、主将が2球目にスクイズを空振りし、三塁走者が封殺されました。そのまま1 - 2で進み、6回、2本のタイムリーと犠飛で3失点し、事実上終戦。7回に1点を取りましたが、8回に7失点。結局2 - 14の大敗で74連敗。今季初のタイムリーヒットが出るなど打撃面では手ごたえもあったのですが……。

5月24日、最終カードの法大1回戦。先発は立ち上がり、ヒット、二塁打、四球のノーアウト満塁から4番に2点打。さらに犠飛で3失点。2回にも3番にタイムリー二塁打を許します。打線も沈黙し、0 - 6で75連敗。

5月25日、法大2回戦。左腕の先発は2回にタイムリーヒットと暴投で2失点。3回に2点、4回も3点と失点を重ねます。0 - 7の6回に3点二塁打。2012年秋の明大1回戦以来の1イニング3得点。打線は3季ぶりの10安打を放つも9回に2点を取られ3 - 9の完敗。10戦全敗、7季連続未勝利、33季連続最下位、76連敗と、屈辱の数字が刻まれるばかりです。

これまで3季にわたって六大学野球を見てきましたが、どの大学にも四隅にコントロールできるような投手はいません。どの投手にも失投があります。それにもかかわらず、東大の打者は甘い球を見逃し、難しい球を打ち損じていました。大切なのは、失投を確実に打つこと。内野の間を抜ければいい。大きな打球はいりません。

投手に言ったのは、必ずしも0点に抑えなくていいということ。5〜6回を3点、つまり2回に1点は取られてもいい。それでも十分接戦に持ち込むことができます。気持ちに余裕がないと大量失点につながるので、そのくらいの感覚で大丈夫だと伝えました。

このリーグ戦の合間に、何度か東京ドームで巨人戦の解説をしました。そこで改めてわかったのは、プロアマを問わず、打たれるのはやはり真ん中近辺だということです。つまり、打者がジャストミートしているのは基本的には投手の失投。逆に投手が狙ったところに投げれば、アウトになる確率は高まります。とはいえ、これもプロアマを問わずですが、投手がコントロールを磨くのは本当に難しい。そして、「勝つ」ということはもっと難しいと改めて痛感しました。

第5章

「1勝」をつかみとるために

――指導日誌④ 2014年秋季リーグ

選手集めも大変

春季リーグも10戦全敗に終わり、1カ月後の6月26日に練習に参加しました。まずは、みんなにこんなことを話しました。

「改めて伝えたいのは、やはり気合と根性だけでは勝てないということ。今は暖かい季節なので、この時期には技術をしっかり磨いてほしいと思います。何度も同じことを言うけど、投手ならスピードよりもアウトローの制球力、たくさんの変化球よりも確実に狙ったところに投げきれる2～3種類の変化球。その二つを磨いていく練習をしていきましょう」

昨年（2013年）、秋季リーグでキレのいい球を投げると評価され、8試合に登板、11イニングを投げて被安打7という好成績を残した2年生の投手がいました。彼はまだ体がしっかりできていなかったため、僕は彼の疲労を心配していました。「投げすぎると怪我や故障につながるから、球数を少なくしてケアもしっかりするようにね」と何度か声を掛けたのですが、本人は「大丈夫です」と言って投げていました。しかし、冬の時点でヒジに痛みを抱えていたようです。実際、春季リーグでは痛みで投げることができず、手術をするかどうか悩んでいました。僕は、「野手に転向するなら手術はしなくてもいい。投手でやっていくなら勧めるよ」と伝えました。そして、彼は5月29日に右ヒジの腱移植の手術を受けたのでした。

担当の医師は「半年で投げられる」と言ったそうですが、同じ手術をした経験のある僕に言わせれば、やはり1年はかかります。いくら医学が進歩したからといって、3カ月で赤ちゃんが生まれてこないのと同じように、人の体の回復には一定の時間がかかります。そのため、「1年くらいかけて、じっくりリハビリしたほうがいいよ」とアドバイスを送りました。

昨年からサイドスローに挑戦していた、別の2年生の投手が、「投手は無理だと思いました。野手として頑張ります」と言ってきました。実は、彼からは何度か野手転向についての相談を受けていました。僕はそれに対し、「自分で決めるんだよ」と提案していました。なぜなら、人に言われて変えたのでは、うまくいかなかったときに、どうしてもその人のせいにしてしまうからです。学生選手にとっては厳しく感じられるかもしれませんが、自分の言動に責任を持たせるためにも、僕はあえて自分で決断するように伝えたのです。

もちろん、彼が自分で決断できるように助言はさせてもらいました。僕の目から見て彼が投手としてどうなのか、こんなふうに伝えました。

「打者を抑えるためには、ストレートと変化球2~3種類のコントロールが必要だよね。それを考えると、現時点では先発して勝利投手になるのに必要な技術はまだ身についていない、というのが僕の評価だよ。君も、自分でそれをわかっているよね。だから、ここで野手に挑戦してみるのもいいし、このまま投手としてもう少し頑張ってみるのもいい。僕の評価、自分の評価、まわりの評価、それぞれみんな違うから、自分のことは自分で決断しなくちゃいけない。ただ、僕はどちらの選択をしても応援するよ」

ブルペンでは、3年生の左腕が投げていました。彼は今まで、左肩を下げてマウンドの傾斜に対応することがなかなかできず、そのためにコントロールが定まらないことが課題でした。しかし、この日は別人のような素晴らしいコントロールを見せてくれました。左肩をしっかり下げることができ、ボールを持っている左手が脱力できて、リリース時に力を集約できていたのです。いい状態を継続するのも難しいことですが、こんな投球がいつもできたらいいなと思いました。

その隣では、エースの右腕が投げていました。彼は体重移動もうまくできるようになり、キレのいいボールを狙ったところに投げられるようになりました。ここまで決

浜田一志監督と。監督は有望な選手のスカウトにも力を入れている

まると気持ちよくなってくるので、「もっと投げたい」と思ってしまうものですが、そういうときこそ要注意です。僕は、「投げすぎにならないように注意しよう。もっといいボールを投げようと思うと、自然と力んでしまう。どこで脱力して、どこで力を入れるか、その配分やタイミングを覚えるといいよ。力めば力むほどコントロールが甘くなっていくからね」と声を掛けました。

この時期になると、来年度の新入部員獲得にも本格的に動き出します。東大野球部出身で、通算5本塁打をマークするなど強打の外野手だった浜田監督は、一般企業に就職後、1994年から学習塾を経営。同時にOB会の幹事としてスカウティング事務局を立ち上げ、自《みずか》らスカウトとして全国各地へ出向いていました。

「野球がうまくて学力の高い選手の情報を、OBなどを通じて全国から集めます。その選手に東大受験を促《うなが》して野球部への勧誘をするのですが、早慶の指定校推薦に取られてしまうことが多いんです。地元の医学部へ行く選手も多い。京大でプロから注目されている田中英祐君にも東大受験用の案内を出しました。ご両親と会うことができていれば、東大のよさをアピールして説得もできたのですが……」と浜田監督は言っておられました。

東大らしいなと思ったのは、2週間ほどの夏期講習会があることです。東大にはスポーツ推薦での入学制度がないため、野球部員もみんな通常の入学試験を突破しなければなりません。そこで、塾の経営者である浜田監督が、東大受験合格のための講習会を実施しているのです。朝から夕方まで予備校で学習後、夜は受験を突破して間もない野球部の1年生が先生役となり、旅館で受験指導をします。6月の時点で、すでに13人の受講が決まっていると聞きました。

あくまで大学入学のための勉強会ではあるのですが、講習会の最後には東大グラウンドで一緒に練習を行ない、野球部への勧誘もするそうです。それでも、前年この講習会に参加して入学を果たしたのは3人だけ。実に狭き門で、厳しい現実を再認識しました。いい選手を集める苦労はプロでも同じでしょうが、東大はなおさらのようです。

練習試合で勝利！

8月23日。秋のリーグを前に、東大グラウンドで静岡大を招いての練習試合がありました。ちょうどそのタイミングで六大学オールスター（3校ずつ2チームに分かれて六大学の選抜メンバーが行なう試合）があり、東大からも選手が選出されていたため、レギュラークラスが数名不在の試合となりました。

試合前のノックを見ていて、ふとPL学園時代のことを思い出しました。PLでは、試合前のノックのときにはあえて捕りやすい打球を打って、矢のような送球で投げていました。それを見ただけで「このチームには勝てない」と相手に思わせるような、芸術的なノックをしていたのです。

しかし、東大野球部では試合での難しい当たりを想定し、きつい打球を打っていました。当然ながら、捕れない、エラーする、ギリギリの体勢で捕って暴投……の繰り返し。これでは、相手チームに「このくらいのレベルか」と思わせてしまいます。そこで、ノッカーに「相手からうまいなと思われるように、捕りやすい打球を打ちましょう」と提案してみました。**野球は心理戦でもあります。プレーボールの前から勝負は始まっているのです。**

もう一つ、PL時代のことで思い出したことがあります。僕はブルペンで投球するとき、かなり軽く投げていました。ノックとは逆に、「桑田、たいしたことないな」と思わせていたのです。しかし、試合が始まると、初球はマウンドの少し後ろから相手が息を飲むようなグーンと伸びる球を見せました。そして、今度はマウンドの上から捕手の構えたところにぴしゃりと投げる。スタジアムが一気に静まり返りました。僕たちは、高校時代からそういった心理戦を実践していたのです。勝負事では相手にどう思わせるか、どう見せるかというのも大事なことなのです。

試合は初回、先頭打者がライトに二塁打。バントで送り、3番のセカンドゴロの間に三塁走者が先制のホームイン。1-0の3回には、エラーと四球の1アウト一、二塁から2番が左翼越えにタイムリー二塁打。さらに3番も中越えに2点二塁打で、この回3点。4-0のリードです。この2年間で、初めて4点のリードを目《ま》のあたりにして嬉しくなりました。やはり、彼らはできなかったのではなく、やり方を知らなかっただけだったと確信しました。

先発したサイドスローの右腕は、走者を出しながらも3回まで0点に抑えました。4－0の4回、2アウト三塁から平凡なサードゴロを三塁手が一塁へ悪送球して1失点。普通のサードゴロなのに、打者のスイングのときに一瞬体を引いてしまい、体重が後ろにかかって一塁への送球リズムが崩れたまま投げてしまったようです。ベンチに帰ってきた三塁手には、「送球の注意点は何だった？『まっすぐ低く』だよね」と確認しました。

野々垣コーチによると、「打者がバットを振ると内野手がサッと体を引いてしまうことは、高校野球ではよく見られる」とのこと。甲子園に出るような強豪校であれば、高校時代にこういったことは修正してもらえるのだと思います。「かかとに体重をかけるのではなく、つま先体重くらいでちょうどいいよ」と、内野手に改めて伝えました。

エラーの後、二塁打2本を浴びてあっという間に3失点。2本目の左越え二塁打も、練習どおりやっていれば捕れていた打球でした。先発はなんとか6回まで3失点。7回、2人の左打者を二番手が抑え、最後に右投手の抑えが登板です。

抑えの投手は回転のいいボールを投げますが、回転がいいだけに、ちょっと甘いと長打を打たれやすい。コントロールをもう少し磨く必要がありますが、アウトローのコントロールをしっかり意識して練習してきたおかげで、カーブもスライダーもアウトローに決まりました。8回2アウト二塁、9回もエラーで2アウト二塁とピンチを迎えましたが、最後は左打者へのアウトローでセカンドゴロに打ち取り4‐3でゲームセット。2013年6月には新人戦で勝利を挙げていましたが、僕が目の前で見ることができた初めての勝利だったので、自分のことのように嬉しく思いました。

抑え投手はまだ課題もありますが、最後の打者を打ち取って勝ったことがきっと自信になるでしょう。僕も現役時代、最後の打者をアウトに取る経験を何度もしましたが、これは何ものにも代えがたい喜びです。今日のような成功体験を秋のリーグ戦への糧《かて》にして、日々の練習でさらにコントロールを磨いていってほしいと思いました。

秋開幕を前に、エースと攻守の要《かなめ》が故障

スケジュールがなかなか合わず、雨にも何度かたたられ、練習に参加できない期間が続きました。第6回ＩＢＡＦ（国際野球連盟）女子ワールドカップ解説のため宮崎

入りする前の9月3日、ようやくグラウンドに行くことができました。

13日に開幕する秋季リーグについて浜田監督と話していた際、エースの右腕が右足首を捻挫《ねんざ》して投げられないという話を聞きました。送球のカバーに入ろうとしたとき、打者が放り投げたバットを踏んでしまったというのです。

怪我は突発的で避けられないこともありますが、今回のケースはどちらかというと防げるものだったように思いました。彼は大丈夫だと言っていましたが、捻挫というのはすごく厄介《やっかい》です。右足を捻挫するとそれをかばって左足、ふくらはぎ、太腿など他の部位にも、さらに肩やヒジにも不具合が出てきます。人間の体は連動しているので、どこかにしわ寄せが出てきてしまうのです。

僕自身も現役時代、ファーストゴロのベースカバーで一塁手からのボールが逸れたとき、無理に捕りに行って捻挫したことが数回ありました。僕はプロだったので我慢して投げ、翌日には高校時代からお世話になっている整体の先生に矯正《きょうせい》してもらって次の登板に間に合わせていました。捻挫の恐ろしさは身をもって知っているので、彼のことがとても心配でした。案の定、大丈夫だと言って投げていた彼は、肩を痛めて投げられなくなってしまいました。

エースがいない開幕は痛いなと思っていたら、もう一人故障者がいました。二塁手が、10日前に左手の有鉤骨《ゆうこうこつ》を骨折してしまったというのです。全治1カ月の診断。当分は無理できません。バットの振りすぎが原因らしく、何か違和感があるなと思いながら振っていたら痛みが出て、調べたら骨折だったそうです。これは、明らかに故障。避けることができたはずです。

東大には、ずば抜けた選手はいない。だからこそ、常にベストコンディションで試合に臨みたい。そのためには、ベストコンディションで練習しないといけない。だから量よりも質だという話はこれまで何度もしてきました。疲労を蓄積させたまま練習してはダメだと言っても、スポーツ選手の性《さが》なのでしょう、不安だからこそ練習をたくさんしてしまいます。しかし、怪我や故障があると、試合でも練習でも最高のパフォーマンスは期待できません。

堅実な守備で何度もチームのピンチを救ってきた二塁手が抜けたのは痛い。しかし、仕方がありません。彼には、「違和感というのは、無理するなよという信号。まだ3年生だから、これからの教訓の一つにして焦らずに治そう」と伝えました。とはいえ、もともと戦力が薄い中、エースと守備の要《かなめ》が不在。正直、不安が募《つの》りました。

開幕戦は左腕の先発で行く、と浜田監督。「この夏、彼は成長しました。130キロ台のストレートが出るようになったし、俺がやるぞという自立心も出てきた。これなら大丈夫だろうと思い、本人にも開幕投手で行くぞと伝えました。開幕カードは慶大。向こうは2戦目にこちらが苦手とする左腕をぶつけてくるので、1戦目が勝負。総動員して勝ちに行きたい」と監督は言いました。

エースが投げられない中、先日の練習試合で抑えた投手がよくなってきていました。2軍戦で好投しても1軍では力不足なのではないかという見方もありましたが、もう少し成長すればリーグ戦でも戦力になると僕は期待していました。

その後、昔の帝国大学7校（北海道大、東北大、東京大、名古屋大、大阪大、京都大、九州大）が集まって試合をする「七大戦」（全国七大学総合体育大会）が開催されたのですが、なんとその大会で東大が見事優勝したという知らせを受けました。選手たちは着実に力をつけてきています。あとはリーグ戦での勝利です！

やはり痛いエースの不在

いよいよ秋季リーグが開幕しました。

9月13日、慶大1回戦。先発左腕が初回に3ランを浴び、5回にもソロアーチを献上。打っても散発4安打、0‐7の完封負け。77連敗。

9月14日。慶大2回戦。先発が初回に5失点。いきなり勝負がついてしまったような展開のまま10失点で連敗は78に伸びました。

ただ、6回に主将で4番に本塁打が飛び出しました。彼にとって大学1号であるとともに、チームとしても2012年春以来5季ぶりの一発。点差はあったとはいえ、合計4得点も12年秋以来、4季ぶりの出来事でした。

今まで、1、2点に抑えても0に抑えられて勝てないことがよくありました。今回も4点取ったのに二桁失点。やはり、野球は投打のバランスが大事だと改めて感じました。また、大差の負けが続いたこともあり、エースと二塁手の主力がいないのが本当に痛いと思いました。選手たちも、少なからず不安を抱いていたように見えました。

1年目の手ごたえから、今年の春には勝てると思っていました。しかし、ここに来て改めて感じるのは他大学との戦力の差です。ないものねだりをしても仕方がないことですが、ただでさえ大きな戦力の差がある中で、エースと攻守の要を欠いている状況。浜田監督も、悩むことが多かったことと思います。

9月18日の練習では、リハビリ中のエースとも話をしました。彼は、「捻挫の後、大丈夫だと思って投げたらピリッと肩に痛みが走ったんです」と言っていました。大したことはないだろうと思っても、無理をすると小さな怪我が大きな怪我につながることを伝えました。中途半端な状態で投げるよりも、足と肩の治療を優先するように伝え、僕の経験からこんなことを話しました。

「怪我をしたからといってマイナスなことばかりじゃない。今できる範囲の練習をしたら、その後はみんなのプレーをよく見ておこう。こうすればもっとよくなるなと、いろいろ発見することができるよ」

走れない、投げられないと、彼はもどかしい思いをしているはずです。練習できないときのつらさは、僕は誰よりも知っているつもりです。でも、そういうときこそ人のプレーを見て勉強する。彼の登板は3週間後、先発は4週間後になりましたが、それまでの期間を有意義に過ごしてほしいと思いました。

成長が見られるも80連敗

9月20日。明大1回戦です。先発投手が1、2回で4失点。打線は3点を奪ったものの3‐6で敗れました。79連敗です。

翌21日には、明大2回戦を神宮球場で観戦しました。この秋季リーグ初観戦です。

東大　000000000—0
明大　10300000×—4

1回裏、先発が先頭打者に四球を与えてしまいます。ボールをなるべく打者に見せないようにと意識するあまり、右腕を抱えすぎていました。球速は120キロに満たない程度なので、ストレートと変化球のコンビネーションで狙ったところに投げきるしか方法がありません。なんとか次の打者を併殺に取り、ホッとしたのもつかの間、ヒット、三塁打で1点を失いました。

2回の攻撃は、1アウト一塁からバントのサインが出るも送れずじまい。3回もノーアウトから連打が出て一、二塁と絶好のチャンスも4番がレフトフライ、5番が併殺打。ヒットが出ても、なかなか得点できません。0‐1の3回には押し出し、1アウト満塁で交代した投手が2点タイムリーの二塁打を浴びてしまいました。

最後の投手は好投してくれました。球の伸びがよく、3連続三振を奪うなど、5回3分の2を4安打無失点に抑えました。打線は結局、無得点で0‐4の敗戦、とうとう80連敗となりました。

試合後のミーティングに参加し、こんな話をさせてもらいました。

「今日も四死球が多かった。無条件でランナーを一塁に出すくらいなら、前に打たせたほうがアウトになる確率は上がる。だから四死球は少なくしよう。それから、次に投げる投手がブルペンで投げすぎです。気持ちが高ぶるのはわかるけど、この準備の仕方だとマウンドに行った頃には疲れてしまう。多くても15球前後で肩を作るようにしよう。初回から何度も肩を作るのではなく、出番に合わせて少ない球数でマウンドに上がろう」

また、ミーティングでは言いませんでしたが、ヒットが出ても得点につながらないことが多かったため、1アウトもしくは2アウト走者二塁、三塁などを想定した打撃練習が必要だと感じました。走者がいるほど打者がプレッシャーを感じていたように見えたのです。

ミーティングの後、この日最後に投げて好投した投手にどんな感覚で投げたのか聞いてみました。彼は、「いつもは抑えてやろうという気持ちが強くて、いつも捕手側に頭が突っ込んでいたのを、後ろに残そうと意識しました。カーブとストレートの曲がりがよくなったと思います」と言っていました。まだ四隅の狙ったところに投げきれてはいませんでしたが、ライン出しができるようになってきました。また、キレが出ていたし伸びもあったので、高めの球でもフライになってカウントを稼ぐことができました。

実は、彼とは「僕は投球フォームを変えたほうがいいと思うけど、どう思う?」という会話を以前からしていたのです。体に染《し》みついた投球フォームを変えることは難しいですが、彼は思い切って変えることを決断しました。そのおかげで、スピード表示は120キロ前後でも、ボールを打者に見せない技術、カーブで緩急《かんきゅう》をつける技術を習得することができました。努力が報われたことで、本人も自信になったと思います。「もっといいピッチングができるようになるよ。これからも目的意識を持ってやり続けていこう」と声を掛けました。

東大のほとんどの投手が投げられるのは120キロ台のストレート。150キロ前後で投げる投手はいません。だからこそコントロールしかないのだと、再度投手たちに伝えました。

「（最後の投手は）四球ゼロだったし、打たれても野手の正面だったよね。僕が思うに、野球というスポーツはそういうもの。狙ったところに投げきれば、連打はされにくい。残り試合は少ないけど、1日1日コントロールを意識して練習していこう」

なかなか試合を観に行けない僕に、野球部のマネージャーが毎回試合のDVDを送ってくれていましたが、球場で観戦するのはいいものだなと改めて感じました。ただ、観戦するたびに「こんなに勝つことは難しいのか」とも思い知らされました。しかし、選手たちは小さなことであっても確実に進化を見せてくれている。どんなに負けても、選手たちの成長を称えたいという思いが消えることはありませんでした。

主力投手が二人とも離脱

10月4日、早大1回戦。先日、明大戦で好投を見せた投手が先発でしたが、2回に犠飛で先制されてしまいます。5回までの7失点も守備が乱れた結果で、自責点は3。先発野手が全員安打を放ち、2010年5月以来の13安打、得点「5」も12年秋以来と打線は奮起したものの、守りは5失策で5-11の敗戦となりました。点を取ると大量失点、抑えたときは得点できずで、投打がどうもかみ合いません。

2日間雨が降り、早大2回戦は10月7日に順延。1回戦で投げたばかりの投手が中2日で先発することになりましたが、初回に3点を与えて2回で降板。1番・捕手が自身初アーチで、チームとしてシーズン3本塁打は2000年春以来の快挙です。しかし、後続投手も失点を重ねて1-8の敗戦。連敗は82となりました。

10月9日の練習に参加し、まず浜田監督と先発の起用について話をさせてもらいました。監督は、(1回戦で自責点3だった)彼の調子がいいので使いたかったと言っていましたが、僕は「連投させて右ヒジを手術することになった投手もいるので、そうならないようにしたいですね」と意見を伝えました。

肩やヒジが壊れてもいいから学生野球で結果を残したい、と思う人もいるかもしれません。でも、僕は指導者の責任として、自分が預かっている間は選手を大切に育てて、上のステージに送ってあげたいと思っています。だから、彼が連投して故障してしまうことを本当に心配していました。しかし、一方で監督の「なんとか勝ちたい」という思いも強く感じていたので、監督の采配を尊重したい気持ちもあり、胸の内ではジレンマを抱えていました。

もう一つ監督と話したのは、7日に二番手でマウンドに上がった左腕についてです。彼はその日、3連続で四球を出し、一つのアウトを取っただけで降板しました。

それですっかり自信を失い、監督に「僕はピッチャーをやっていていいんでしょうか」と言ってきたそうです。

僕は基本的に、**投手は自信がなかったら結果を出せない**と思っています。勝負の世界は厳しいもの。自分を信じられない選手は、勝負では勝てません。長年勝負の世界で生きてきたからこそ、僕はそれを強く感じています。彼は打撃が悪くないので、「もし彼が自信を持ってマウンドに上がれないのであれば、しばらく野手としてプレーさせてみてはどうでしょうか」と監督に提案しました。

昨年から見てきて、「この二人がある程度コントロールをつけてくれたら試合が作れるな」と思っていたのが、捻挫してしまったエースの右腕と、この左腕でした。二人とも先発ができなくなってしまい、1勝が遠のいていくような気がしました。

エース右腕は怪我からようやく復帰してブルペンで投げていましたが、狙ったコーナーには4割程度しか決まらず、まだ本調子ではありません。順調に磨かれていたコントロールが元に戻ってしまったような感じです。ボールにもキレがなく、打者を押し込めない。体は連動しているので、どこか怪我をすると全体のバランスが崩れます。本当に残念でなりませんが、これで終わりというわけではありません。彼には、「この秋のリーグでは投げられないけど、あと1年あるから本来の投球を取り戻して来年また頑張ろう」と伝えました。

東大の投手の中で、一人だけ１４０キロ台を投げる投手がいました。二浪して入ってきた右腕です。ただ、スピードはあっても球の回転がなかなかよくなりません。もっとスピンをかけて、彼の長所であるスピードボールに磨きをかけてほしい。また、ストライクが入るコントロールがないとどうしようもないので、「シュート回転するボールが多いけど、それを武器にしながら高低、左右のライン出しができるようになろう」とアドバイスしました。

最後の挨拶

10月11日、立大1回戦。初回に今季初めて先制点を挙げましたが、その裏に同点にされてしまいます。5回に2失点も、すぐに1点差と迫りました。立大を上回る7安打を打ちましたが、惜しくも2-4で敗戦。またしても投打がかみ合いません。

10月12日、立大2回戦。初回に主将が2ラン。チームの1シーズン個人2本塁打は２０００年以来でした。しかし、先発が4回に同点とされ、7回に勝ち越しを許します。８回には1点を返し、２アウト一、三塁まで攻めましたが、あと1本が出ず。9

回に2点を追加され3－6の黒星、84連敗となりました。

10月25日、法大1回戦は先発以下5人の投手がことごとく失点を重ね、2－19の大敗。翌26日の法大2回戦、先発は初回に5番打者のタイムリーヒットで先制点を許すものの、4回まで投げ4安打1失点。5回から代わった1年生左腕もまずまずのピッチングを見せましたが、小刻みに加点されて打線も4安打と沈黙。0－5で敗れました。

14シーズンぶりに計5本塁打を放ち、対立大戦では2試合とも3点差以内と、好ゲームこそ増えたものの、最後まで投打がかみ合わず、ついに86連敗。4年生は一度も勝利を経験することなく卒業となってしまいました。

12月21日、この年最後の練習日です。みんなに挨拶をするために、東大グラウンドにやってきました。

「プロアマ規定はずいぶんと緩和されて、講習を受ければアマチュアの指導資格を取れるようになりました。しかし、僕はその資格を持っていないので、来年（2015年）以降はグラウンドで指導することができません。2年間、特別コーチをさせていただき、どうもありがとうございました。みなさんが熱心に野球に取り組む姿勢を見て、僕自身もすごく勉強になりました」

最後に、これまでの練習や座学の中で伝えてきたことを、もう一度選手たちに伝えました。

「練習方法やコンディショニングの方法は日々進化していて、昔は常識だったことが今では非常識になっていることがたくさんあります。これからは、常識とされていることが本当なのかどうかを見極めて練習していってください。それから、今の時代はいろんなことが発達していて、情報も溢《あふ》れているけれど、いいことでもたくさんやりすぎたら疲労したり、集中力がなくなったりして逆効果です。何が自分に必要かを選択し、それを集中してやっていきましょう。そして、投球術は気合や根性でなんとかなるものではありません。カウント球、見せ球、勝負球を使って、どうやって抑えるか戦略を立てて投げてください。投球でも守備でも、準備・実行・反省の三つをいつも忘れないでください」

2年の間に勝利という結果をもたらすことができず、選手たちには申し訳ない思いでいっぱいでした。でも、みんな着実に、確実に成長しています。あとは練習でできていることをいかに試合でやり抜くか。自信を持ってやれば、結果は必ずついてきます。これからはグラウンドで伝えることはできませんが、陰ながら応援し、勝利の報

選手たちへ、最後の言葉（2014年12月21日）

告を楽しみに待つことにしました。

さらに、僕は選手たちにこんな話をしました。

「野球は、いつまでも現役でできるわけではありません。だからこそ、現役でいるうちはすべてを野球に捧《ささ》げてほしいと思います。それは、四六時中練習しろという意味ではありません。学校の勉強、普段の生活、恋人と過ごす時間にも、野球がうまくなるヒントがたくさん隠されています。野球以外のこともバランスよくやって、そこから得たものを野球に役立ててください。そして、いつか現役生活が終わったら、今度は野球で得た経験を活かして、社会に役立つ人材になってほしいと思います。とにかく、今は野球がうまくなるように、練習、栄養、休養のバランスを考えて生活してください。野球はうまくなればなるほど楽しくなります。みなさんには、もっともっとうまくなって、野球を楽しんでもらいたいと思います」

最終日の指導を終えてから、自分なりにこの2年間を振り返ってみました。40試合で結局1勝もできずに終わり、球場では「なんだ、桑田がやっても勝てないじゃないか」と言われたこともありました。それ以上に、東大ナインに勝利の喜びを経験させてあげられなかったことが本当に心残りでした。

全体的に見ても、僕の伝えたかったことが十分に浸透したとは言えないかもしれません。頻繁にグラウンドへ行けなかったこともあり、すべての選手が僕の提案やアドバイスを快《こころよ》く受け入れてくれたわけではありませんでした。興味を持って取り組んでくれた選手もいましたが、すぐに結果が出ないと諦めてしまう選手もいました。

コーチのアドバイスどおりに投げ方を変えると、違和感を抱き、一時的にいいボールが投げられなくなることがあります。すると、すぐに元に戻してしまうのです。選手たちには、自分の感覚やイメージに合った心地いいフォームがあると思いますが、それが理にかなっていないこともある。プロセスを変えれば、結果も必ず変わります。思い切ってフォーム改善に取り組んだ選手は、当然すぐには変わりませんでしたが、2年間で一定の成長が見て取れたように思います。**一歩踏み出すこと、そしてやり続けることが大事**なのだなと、僕も指導者として勉強になりました。

また、「野球では頭脳プレーが大事」と言われますが、勉強の頭のよさと野球の頭のよさは違うということも実感しました。頭脳明晰な東大の野球部員であっても、勉強脳がそのまま野球脳として発揮されるわけではありません。また、人生を切り拓《ひら》くために必要な頭のよさも、また違った種類のものだと思います。東大の選手だけでなく、野球をしているすべてのアマチュア選手に言えることですが、野球に必要な頭のよさ、勉強のための頭のよさ、人生のための頭のよさをバランスよく身につけることは本当に難しいことだと感じました。

僕は現役時代から小中学生の野球指導を行ない、引退後は社会人や大学生も指導してきました。また、引退後は米づくりやワインづくりを通じて「育てる」という体験をしてきました。**人でも植物でも、育てるには情熱、愛情、魂、そして長い時間が必要**だということを、身をもって経験しています。選手の育成やチームの成長が簡単に、すぐにできるものではないということを、東大野球部の指導を通して改めて教えてもらいました。

ついに、そのときが来た——1694日ぶりの勝利

その日は、ワインの勉強のためイタリアを訪れていました。2015年5月23日。イタリア・ピエモンテ地方は快晴。午前11時に、日本の報知新聞の記者さんからメールで連絡が来ました。

「ついに、東大が勝ちました!」

よかった……と声が漏《も》れました。その後、しばらく言葉が出ませんでした。浜田監

督や選手たちはもちろん、僕を熱心に誘ってくださった一誠会《いっせいかい》（東京大学野球部ＯＢ会）の橋本正幸《はしもとまさゆき》さん、石上晴康《いしがみはるやす》さん、田和一浩《たわかずひろ》さんの喜んでいる顔、スタンドから一生懸命声援を送ってくれていた学生たちの笑顔が脳裏に浮かびました。遠く離れているイタリアの青い空に、神宮球場の光景が浮かび上がってくるようでした。

僕が指導に関わっていた間、連敗は46から86に伸び、４シーズンが過ぎました。２０１５年の春季リーグ戦でも８連敗し、連敗は94に伸びていました。

迎えた5月23日の法大１回戦。優勝の可能性を残している法大にとっては、絶対に落とせない試合です。

東大
０００２００２０２—６
０１０００３０００—４
法大

先発は、東大野球部で唯一速球が武器の投手でした。２回に１点を先制されますが、５回の攻撃、１アウト二、三塁からスクイズのサイン。打者は空振りしてしまうのですが、投球が暴投となり2者が生還して逆転です。7回に3点を奪われ、再度逆転を許した直後の8回、犠飛の後に三塁打が飛び出し、同点に追いつきました。

延長に突入した10回、連打と犠打で1アウト二、三塁のチャンスを作ります。走者と打者を呼んだ浜田監督が、ゴロなら迷わず本塁に突入する指示を出しました。強烈なゴロを二塁手が一瞬はじき、本塁へ送球も野選となり1点を勝ち越し。さらに次の打者のファーストゴロでも走者は本塁に突入。これも野選となり、2点をリードしました。実戦形式で常に得点圏に走者を置いた場面を設定し、スクイズやエンドランを仕掛ける練習をしてきましたが、繰り返しやってきたことがここ一番でやっと実ったのです。

10回裏は2アウト一塁の場面で、最後のバッターを三振に取り、ゲームセット！２０１０年10月2日、早大・斎藤佑樹を打ち崩して勝って以来、１６９４日ぶりの歓喜のシーンとなりました。

相手の守備のミスに助けられた部分は多かったかもしれませんが、勝つときというのはそういうもの。これまでは、こちらが守備の乱れから敵に得点を許してきたのです。それを阻止できたのは、東大野球部の守備力が向上したからにほかなりません。今季の失策はリーグ最少の3。ミスから自滅することがなければ、勝つ可能性は高く

「ついに東大が勝ちました」
――その知らせは遠い空の下に届いた

なる。何度も何度も、口を酸っぱくして言ってきたことを、ついにやり遂げてくれたのです。

　僕は2014年いっぱいで特別コーチの座を退《しりぞ》きましたが、守備コーチとして加わった野々垣コーチは今も指導を続けています。「昨年から引き続き、みんな一生懸命練習をしてくれています。前よりも基本動作ができるようになり、フットワークもスムーズになりました」と聞きました。彼の地道な指導も、実を結んだと信じています。

　特別コーチだった2年間にもロースコアの試合が増えていたので、この日が来るのは近いだろうと思っていました。浜田監督をはじめ、ナイン、スタンドのファンが諦めない姿勢を貫《つらぬ》いて挙げた1勝です。みんなが一生懸命練習している姿を見てきただけに、自分のことのように、いいえ、自分のことより嬉しい気持ちになりました。

第6章

科学の視点から野球を再認識する

——研究と指導現場の融合を目指して

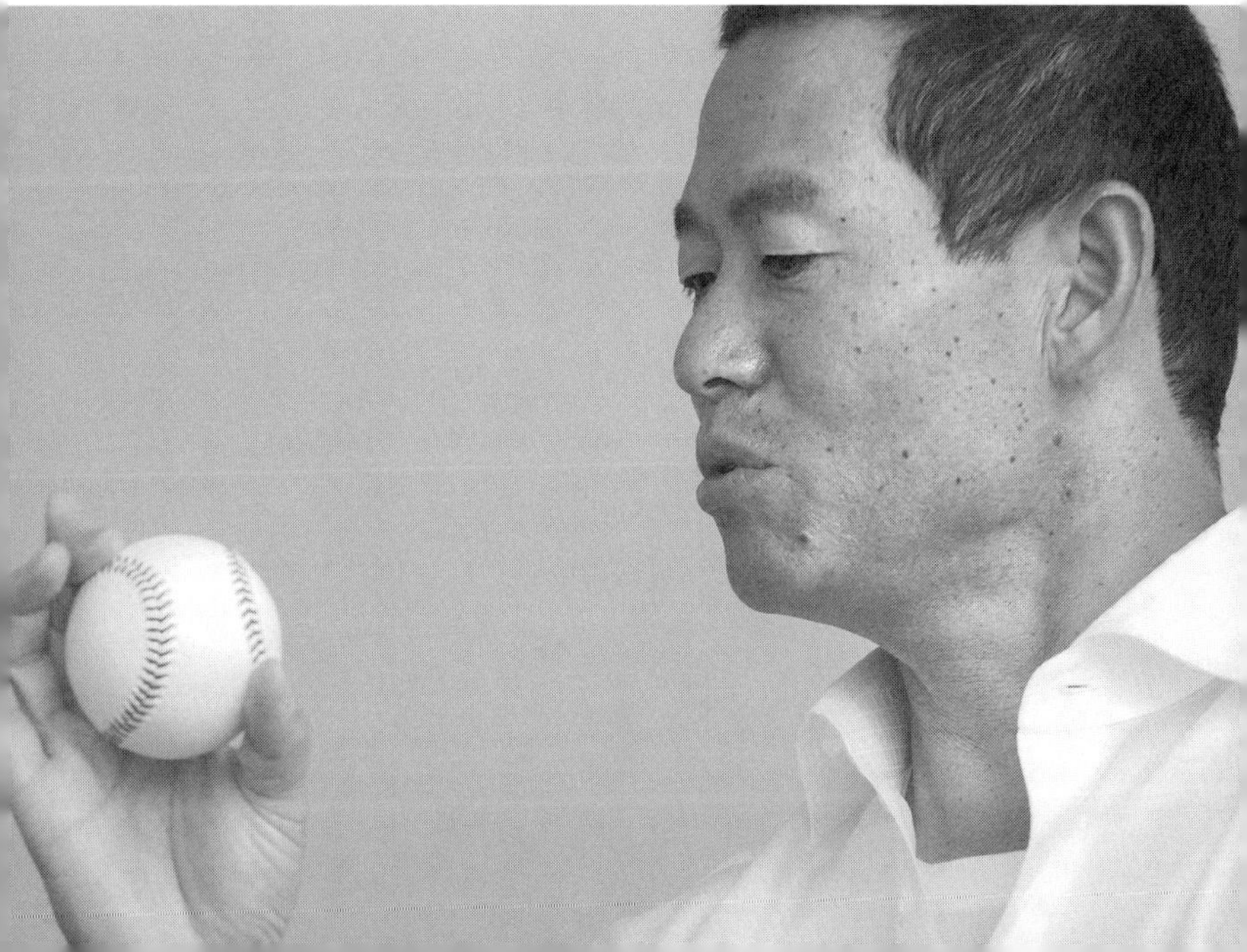

経験や感覚を、科学的に検証したい

東大で指導していた頃、練習後に浜田監督と話していると、監督が突然こんなことをおっしゃいました。

「せっかくこうして東大野球部を指導されているわけですから、東大の大学院で野球を科学的に研究してみませんか？」

現役時代から、投球や打撃の動作を研究してみたいという思いはありましたが、かといって東大の大学院にすんなり入れるわけではありません。しかし、監督は僕の思いを察して、当時東大大学院生だった東大野球部ＯＢの井尻哲也《いじりてつや》君を紹介してくださいました。

井尻君は当時、東京大学大学院総合文化研究科広域科学専攻生命環境科学系の中澤《なかざわ》公孝《きみたか》教授の研究室に在籍していました。研究室でどんな研究が行なわれているのか聞いてみると、彼自身も野球の打撃に関する研究を行なっていること、そして、中澤教授も野球の研究をされていることがわかりました。そこで、一度中澤教授にお会いして、詳しいお話を聞かせていただくことになったのです。

数週間後、浜田監督、中澤教授、井尻君と4人でお会いする機会をいただきました。初めての顔合わせではありましたが、野球談議に花が咲き、研究内容についてもとても興味深くお話を伺うことができました。中澤教授は脳神経科学、運動制御、生理学をご専門にしており、歩行機能回復を目指すリハビリテーション、ヒトが歩く動作や立位姿勢を保持するための制御に関する研究のほか、野球選手やオリンピック、パラリンピックに出場するようなトップアスリートのパフォーマンスについても研究を進められていました。

中澤教授とお話しさせていただく中で、ヒトが動くためには神経の働きがとても大切な役割を担《にな》うことを知りました。ヒトの動作は、脳と神経から成る神経系が筋肉の活動を制御することで行なわれます。神経系は約60兆個というものすごい数の神経細胞から構成され、全身に約600個ある筋肉の活動を巧《たく》みに制御することでスムーズな運動を行なうことができます。僕たちがボールを投げる動作を行なおうとした場合、神経系はそれぞれの筋肉に適切なタイミングで収縮するよう指令を送っています。この神経系の働きがあることで、僕たちは投球動作のような全身を協調させた運動が実現できているのです。

そのような話をお聞きして、人間の体が持つ機能とその可能性に関心を持ちました。そういったメカニズムを深く学びたいという気持ちがふくらみ、僕は中澤研究室で学ぶことを決意しました。

さっそく出願要項を取り寄せて、入学の条件を確認しました。大学院研究生として入学許可をいただくには、入学願書、修士または博士の学位を得た者という資格、学業成績証明書のほかに、教授会で研究計画書が承認されなければなりません。「難しいよな」「無理だよな」「不合格だったらどうしよう」と、いつもの弱気が出てきました。しかし、どんな困難にも立ち向かっていく大切さを、現役時代に学んでいます。今回も逃げずに挑戦しようと決心しました。そして、研究への思いと具体的なテーマについて、心を込めて書き上げました。

僕は17歳で東京読売巨人軍に入団し、日本とアメリカのプロ野球界で23年間の現役生活を全《まっと》うすることができました。選手として素晴らしい経験をすることができ、野球からたくさんの幸せをいただいたと感じています。引退後は、支える側として野球界に貢献するために、さまざまな視点から野球を見つめ直しました。アマチュア野球を取り巻く環境はどのようなものか、その環境の中でどう野球に取り組むべきなのかを、子どもたちやアマチュア選手を指導する中で学び、考え、実践してきました。

引退後に進学した早稲田大学大学院スポーツ科学研究科では、スポーツビジネス、スポーツマネジメントを通して野球界に何が提言できるのかを学ぶと同時に、日本野球がどのような歴史的背景の中で発展してきたのか、そしてどのような方向へ進むことで今後もさらなる成長を遂げることができるのかを研究するため、文献調査と現役選手へのアンケートを基に、『「野球道」の再定義による日本野球界のさらなる発展策に関する研究』(Research on further Development of Japanese Baseball through the Re-definition of "Yakyu-Do") に取り組みました。野球界がよりよい方向に進んでくれることを願い、これからの選手指導や育成の枠組みを提言したこの研究は、非常に多くの反響をいただきました。

東京大学大学院では、これまで選手として養ってきた野球の動作について科学的な検証を行ないたいと考えました。野球の投球と打撃における効率的な動作、そして、選手が持つイメージや言語的表現の差異に関する研究をすることで、僕のようなプロ野球選手が培《つちか》った経験や感覚を、今後の野球界を担う若い選手や指導者の方々に還元したいと思ったのです。そして、２０１４年3月10日に合格通知が届き、入学の承認をいただくことができました。

４月４日、晴れて研究生として初めて東大の門をくぐる日が訪れました。駒場《こまば》キャンパスに到着すると、正門付近はたくさんの新入生で溢れ、活気と希望に満ちた空間が広がっていました。

正門の奥には、駒場キャンパス1号館があります。1933年に完成した1号館は、旧制第一高等学校で本館として使用された歴史ある建物です。

旧制一高といえば、かつて野球黎明《れいめい》期に「一高時代」を築き上げ、国内では無類の強さを誇った野球部があった学校です。この歴史ある場所で学び、野球の研究に取り組ませていただけることに感謝しつつ、東大での研究活動をスタートさせました。

これまで培ってきた感覚の再考

中澤研究室に入ると、教授からは、「これまでの大舞台での経験や技術、野球に対する感覚を存分に検証してください。野球界に広く貢献できる研究成果を得られるよう共に頑張っていきましょう」と心強いメッセージをいただきました。科学的な研究に関する知識や方法論は一から学んでいかなければなりませんが、僕だからこそ取り組めるものもあると確信しました。

野球研究プロジェクトは、中澤教授、助教の小幡博基《おばたひろき》先生、進矢正宏《しんやまさひろ》先生、研究員の小林裕央君と僕の5名で構成されました。小林君も大学まで野球を続けていたそうで、しかもポジションは投手とのこと。投球動作のことを気兼ねなく話す仲間もでき、とてもいい環境で研究に取り組むことができると思いました。

このプロジェクトでは、投球の「コントロール」と「キレ」について神経科学の観点から迫るという方向性を打ち出しました。投手を評価する際、多くの人が球速に着目してしまいますが、いい投手とは打者を打ち取る投手のことで、スピードがすべてではないというのが僕の考えです。しかし、野球界には球速以外に投手を評価する数値が見当たりません。そこでスピードだけではない新たな評価基準を打ち出すことができれば、いい投手をもっとたくさん育てられる。そんな発想が原点にありました。

コントロールとキレは、どちらも投手にとって非常に重要な能力ですが、つきつめると実はとても難しいテーマです。コントロールのいい投手はどんな特徴があるのか、コントロールはどうすれば磨かれるのか、球のキレをよくするにはどうしたらいいのか、そもそも、球のキレの正体とは何か。どれも、まだまだ科学的検証を行なっていく必要があるものばかりです。しかし、これこそ僕が培った感覚を検証するのに相応《ふさわ》しいテーマ。プロジェクトのほかのメンバーの力も借りながら、難題に挑むことになりました。

現代の先端科学技術の目覚ましい発展は、僕たちがこれまで見ることのできなかった部分を明らかにしてくれます。テレビ番組などでもよく見られる高速度カメラも、そのうちの一つです。一般的なビデオカメラは1秒間に30フレーム、すなわち1／30秒ごとに撮影されますが、高速度カメラでは1秒間に1000フレーム（1／1000秒）で撮影することができます。研究ではその高速度カメラを用いて、まずは投球フォームの特徴を分析するため、僕自身も被験者となってフォームの計測を行ないました。

また、同時にモーションキャプチャーシステムを用いて、投球フォームの動作解析も行なうことにしました。モーションキャプチャーシステムは3次元空間で人の動きを計測するシステムで、投球腕の指先の変位（位置の変化）、軌道、速度、加速度を調べることができます。それ以外にも、関節の角度、体幹の捻りの大きさなどを数値化し、投球フォームを客観的に分析することが可能です。僕はウォーミングアップ後、ストレート、カーブなどいくつかの球種を30球ほど投球し、そのときのフォームを高速度で撮影してもらいました。また、このプロジェクトでは、プロ野球の1軍で登板経験のある別の投手にも同じように投げてもらい、僕の投球フォームと比較してみました。

全投球を終えた後、撮影した映像を確認します。過去にも自分の投球フォームをビデオカメラで撮影したことはありましたが、超スロー映像で見るのは初めてのことでした。スローで見る自分自身の投球フォームは、新鮮であると同時に、イメージと異なる点もありました。たとえば、カーブを投げるときの右腕の使い方です。映像を見てみると、僕のイメージとはまったく逆の使い方をしていたのです。僕はストレートとカーブでは右腕の動きが違うイメージを持っていたのですが、映像を実際に見てみると手首の使い方以外はほとんど同じだったのです。

その一方で、これまで僕自身が重視してきた感覚は、しっかり投球フォームに反映されていました。バランスよく右足で立ち、右肩を下げながら軸足の股関節で体重を支え、ヒップファーストで体重移動が行なわれていること。トップはつくらず、前足が着地した瞬間はまだ右ヒジが肩のラインより低いこと。すべて、イメージどおりの投球フォームが実現できていました。23年もの間プロ野球選手としてプレーできたのは、怪我をしない体づくりを心掛けたことはもちろん、自分自身のイメージと実際の動作とのギャップが少なかったことも大きく影響していたのかもしれません。この点が検証できたことは、研究において大きな一歩となりました。

また、超スロー映像やモーションキャプチャーシステムで計測したデータを分析したところ、左足を上げるタイミング、踏み込むタイミング、体の回転、投球腕の軌道、そしてリリース位置のどれもが、1球ごと、球種間でほとんど誤差がなく、高い再現性が見られました。ある海外の研究者の報告によると、投手のボールリリースのタイミングはわずか1000分の数ミリ秒の誤差しかないそうです。これだけ全身を使った運動で、かつ150キロに迫る球速のボールを投げる中で、たったそれだけの誤差でボールリリースを制御できていることに、改めて人間の能力の凄さを感じました。

ほかの元プロ野球投手の投球フォームと比較してみると、打者側から見た際に、僕のフォームのほうがリリースの直前までボールが見えないことがわかりました。そして、僕のほうが身長が低いにもかかわらず、より高い位置でボールをリリースしており、投球の軌道に角度がありました。

僕はプロ野球選手の中では体が大きいほうではなく、150キロを超える剛速球を投げることもできなかったのですが、投手として最大の目的である「打者を抑える」ことについては、誰よりも考え、工夫し、努力してきたという自負があります。球種が違っても同じフォームで投げられること、打者にタイミングを合わされないようにリリースの直前までボールを見せないようにすること、低めに角度のあるストレートを投げることなど、球速以外でも打者を抑えるための要素はたくさんあります。それらの要素を踏まえて、どうすれば打者が「打ちづらい、打てない」と思うのかを、常に考えて日々の練習をしてきました。

測定では、現役プロ野球投手数名にも協力してもらい、同じようにストレートと変化球を投げた際の投球フォームを高速度カメラで撮影しました。その結果、1軍で活躍する投手に共通するのは、リリースの直前までボールが見えないフォームで投げていることでした。一方、1軍になかなか定着できない、あるいは思うような結果が出せていなかった投手は、同じスピードボールを投げているにもかかわらず、かなり早い段階からボールが見え、打者にとってタイミングのとりやすいフォームになっていたのです。実績の差を生む要因は、もちろんこれ以外にもありますが、少なくとも打者がタイミングをとりづらい投球フォームは、投手にとって大切な要素の一つと言えることがわかりました。

コントロールを可視化する

「自分のコントロールは、どのくらいバラついていると思いますか？」

こう問いかけられた場合、答えられる投手はほとんどいないと思います。おそらく、ブルペンでの投球練習でキャッチャーミットを構えた位置に何球投げることができたか、逆球は何球あったかを基に、自身のコントロールの精度を認識している人がほとんどではないでしょうか。

もちろん、狙ったところにどれだけ投げられるかが重要なので、その認識自体はまったく問題ありません。僕自身も、東大野球部でそのような指導法を実践していました。でも、コントロールの結果がもっと明確であれば、自分の投球をより正確に認識することができ、東大の指導で繰り返し伝えていた「準備」「実行」「反省」のプロセスも、より明確化します。そこで、投手のコントロールを可視化、すなわち〝見える〟ようにして、検証を行なうことにしました。

この研究では、現役プロ野球選手をはじめ、大学生投手、高校生投手、中学生投手に投球してもらい、それをビデオカメラで撮影して、コントロールの精度を評価しました。当然かもしれませんが、プロ野球投手が最もコントロールのバラつきが小さく、大学生と高校生が同じくらい、中学生が最もバラつきが大きいという結果が出ました。一方、投球のバラつきにはとても興味深い特徴が見られました。これについては、また別の機会に詳しく紹介したいと思います。

最近では、アメリカのメジャーリーグで「PITCHf/x」というシステムが導入され、試合中に投手がどのコースに投げているか自動的に計測されます。それにより、球速、球種などを含む膨大なデータが集められています。野球もさまざまなことがデータ化され、選手の評価方法も徐々に変わってきています。

自身のコントロールの特徴を客観的に知ることは、投球技術をさらに高めるための一助になると思います。データがその選手の能力のすべてを示すわけではないですが、これからは日本の野球界でもこうした情報が積極的に活用されていく時代を迎えるだろうと期待しています。

打者の「反応」に迫る

打者を抑えるためにはコントロールよくコースに投げ分けることも重要ですが、タイミングをずらすことも有効です。どれだけ速いストレートを投げても、曲がりの大きな変化球を投げても、打者にタイミングを合わせられてしまえば、いとも簡単に痛打されてしまいます。それでは、打者はタイミングを合わせる際、投手の何を見て合わせているのか。反応にはどれくらいの時間がかかるのか。こんな疑問を検証するため、打者側の視点から反応の速さを調べてみました。

投手が140キロ超のストレートを投げた場合、ボールがリリースされてから打者がインパクトするまでの時間は約0・4秒と言われています。そのわずかな時間で、打者は球種、コース、軌道を見極め、さらにタイミングを合わせ、強い打球を打ち返すという、とてつもなく高度な作業を行なっています。当然ながら、反応時間が短いほど、投球をより見極めることができると予想されます。

この検証では、打者が打つと判断してからバットを振り、インパクトポイントまでにかかる時間の合計を「反応時間」とし、その数値を小学生からプロまでを含む幅広いステージの選手で測定しました。その結果、最も速い選手の反応時間は約0・4秒でした。つまり、速球が来た場合、ボールが投手の指からリリースされるのと同時か、それより前に反応しなければ間に合わないことになります。これでは打者がボールを見極める時間がまったくありません。したがって、野球の打撃動作はこういった

最先端の科学技術で打撃や投球の動作解析を試みる
（2014年11月）

単純な反応では行なわれていないことがわかりました。

ということは、**打者は投手がボールをリリースする手前の段階から予測と準備を行ない、投球フォームにタイミングを合わせることで打撃を行なっている**ことになります。当たり前だと言われるかもしれませんが、打者はボールがリリースされる前段階でタイミングを合わせるための情報をかなり得ているということです。

残念ながら、打者が投手のフォームのどの部分を見てタイミングを取っているのかなど、具体的な検証はまだできていません。しかし、ボールが見えづらい投球フォーム、タイミングをとりづらい投球フォームが打者の予測や反応に影響を与えることは確かです。改めて、それらの要素は投球技術の中でも重要なものであることが確認できました。

実際、同じ球速でも、ボールが見えづらいフォームの投手のほうが、「キレのあるボールを投げている」と打者に思わせることができるのかもしれません。キレについては、ボールの回転数や回転軸など主に物理的な側面から研究が行なわれていますが、こういった心理的あるいは視覚的な要素も投球の「キレ」を生み出しているとも言えそうです。

選手と指導者の架け橋を目指して

２０１４年に東大大学院に研究生として入学して以降、このような形で投球動作などの研究を進めてきました。まだまだ道半ばではありますが、これまでになかった視点で野球を追究することはとても有意義なことなので、今後も中澤研究室の方々と協力しながら研究を進めていきたいと考えています。そして、**野球がもっとうまくなりたいと思っている子どもたちや選手、そして指導者に、研究で得た成果を還元していきたい**と思っています。

これまでの野球界では、経験論に基づく指導が中心になっていました。もちろん、それを否定することはありませんが、スポーツ医科学や最先端の科学技術がこれだけ発展してきた現代では、自身の経験に客観的なデータを組み合わせることで、より合理的に競技力向上を図れる指導ができると考えています。とくに、野球界で長く活躍され、類《たぐ》い稀《まれ》なる技術や感覚を磨いた一流の選手たちこそ、自身の主観や経験則に科学的なアプローチを加えて、よりよい指導法を追い求めていただきたいと思っています。僕は、指導の現場と研究の世界の両方を学ばせていただくことで、その橋渡し役になっていきたいと思っています。そして、その第一歩を今、ようやく歩み出せたと実感しています。

特別対談

東大と野球部と私たち

大越健介×桑田真澄

ＮＨＫ「ニュースウオッチ９」の元キャスターでおなじみの大越健介《おおこしけんすけ》氏は、１９８１年に東京大学に入学。野球部では右腕のエースとして活躍し、六大学リーグで通算８勝を挙《あ》げている。東大野球部を指導し、東大大学院で研究生活を送った著者と野球部ＯＢの大越氏が、それぞれにとっての「東大と野球部と私」を語り合う。対面の会場には、東大の前身であり「日本野球発祥の地」（本書第１章参照）のモニュメントが建つ「学士会館」（東京・千代田区）が選ばれた。

不思議な縁

桑田　大越さん、ご無沙汰しています。僕は特別コーチとして東大野球部を２年間、指導させていただきました。その経験をふまえて、ＯＢの大越さんは今の東大野球部をどうご覧になっているのか、また今後の目指すべき方向性など、伺《うかが》いたいことがたくさんあります。こうしたお話をすることで、東大野球部に進みたいという高校球児が増えてくれたらいいな、とも思っています。

大越　ありがたいことですね。桑田さんには奇遇《きぐう》と言いますか、僕なりにご縁を感じています。まず、「ニュースウオッチ９」のキャスターをしていた当時、東大野球部のコーチをしていらした桑田さんをインタビュー取材させていただきました。

桑田　はい、よく覚えています。

大越　桑田さんが東大のコーチをしてくださることは、ＯＢの一員として非常にうれしかった。それから、今日お会いしている、ここ学士会館は、東大発祥の地であると同時に日本の野球発祥の地ですね。しかも僕は結婚式をここで挙げたんです。

桑田 そうですか。それは存じ上げませんでした。たしか大越さんのご子息《しそく》は高校球児でいらっしゃいますよね。

大越 ええ、長男は日大《にちだい》三高のピッチャーで、甲子園でベスト8《エイト》まで進みました。桑田さんのPL学園の後輩ですと、マエケン（前田健太）に練習試合で互角に投げ合ったそうです。その後、六大学でも野球を続けました。次男も同じく日大三高の野球部ですが、彼のほうは残念ながら肩を傷《いた》めてしまい、甲子園出場は叶《かな》いませんでした。でも今、スポーツに関わる仕事をしています。ですからもう、わが家は野球家族ですね。

それに加えて、東大時代、僕とバッテリーを組んでいた選手の息子さんが、桑田さんのつくられたボーイズリーグ「麻生《あさお》ジャイアンツ」で、中学生のころお世話になっていました。僕の親友で、朝木《あさき》……。

桑田 朝木秀樹《ひでき》さん！ そうでした。朝木さんは東大野球部のご出身で、今でも麻生ジャイアンツの集まりでは幹事をしていただいています。あの方が大越さんのキャッチャーでしたか。

大越 そうなんです。だから不思議なことに、桑田さんとは、いろいろなところでご縁があるのですね。

なぜ東大野球部を目指したのか

桑田 「大越さんに伺いたいことがたくさんあります」と、先ほど申し上げましたが、まず東大を目指された理由からお聞きしていいですか。大越さんは新潟県立新潟高校という進学校のご出身ですよね。高校時代から、東大に行って野球をやろうとお考えだったのでしょうか。

大越　僕がいたのは新潟の普通の公立高校で、県内では強豪でしたが、全国レベルのチームとは言えません。当初は自分が大学で野球をやるということなど、まったく想定していませんでした。つまり東京六大学野球は、自分とは別世界の存在だと思っていたわけです。

高校最後の夏の地方大会は、ベスト8どまりでした。僕はピッチャーでした。普通なら、ここで「野球はもういいや。きつい練習から解放されたい」となるところでしょうが、負けた翌日から自分でも不思議なほどまた野球がやりたくなって。

桑田　それは消化不良という感覚ですか。

大越　そうです。自分はまだやれるはずだ、という意識が強くなりました。それで初めて、大学で野球をやることを思いついたんです。けれども、大学野球のレベルというものを考えたとき、早慶だ、明治だ、法政だ——六大学野球は、やっぱり選ばれた人たちが行くところだろうと思わざるを得ない。そこで、「じゃあ自分がやれるところはどこだ」と探したら、「あるじゃないか、一つ」と。

桑田　その「一つ」が東大だったというわけですね。六大学でご自分が野球をできるのは東大しかないという結論から、東大を目指そうとされた。さすが進学校のご出身です。でも失礼ですが、高校野球を引退してから受験の態勢を整えられるには、期間がそれほどないのではありませんか。

大越　おっしゃるとおり、現役のころの成績ではまったくダメでした。しかし僕はものすごい楽観主義で、「自分は野球しかやってこなかったのだから、今から勉強をやれば追いつくに違いない」とか「いざとなれば浪人すればいいや」と思っていたんです。当然のごとく浪人しまして、浪人時代も模擬試験では芳《かんば》しい成績が出なかったのですが、奇跡的に合格したという次第です。

桑田 高校生のころは、勉強、勉強の毎日だったのですか。それとも、野球の練習もしながらなのでしょうか。勉強と野球の両立は、高校球児にとって大切なテーマだと思いますので、大越さんの体験をお聞かせください。

大越 僕は、ほとんど野球オンリーでしたね。もちろん、勉強をできるときにはやらないと、試験に追いつけません。ただ、授業以外に勉強が手につくということは、ほとんどなかったですね。夏休みなども、練習が終わったら図書館に行って勉強するという目標を立ててはみたものの、練習後は図書館を通り過ぎてまっすぐ家に帰り、疲れて寝てしまうというありさまです。

ただ、むしろ野球と勉強との両立ということを強迫観念のように考えなかったことが、結果的にはよかったのかもしれません。「自

大越健介

(おおこし・けんすけ)

1961年、新潟県生まれ。県立新潟高等学校から東京大学文科三類へ進む。高校時代に捕手から投手に転向し、東大野球部では六大学リーグで50試合に登板。通算成績は8勝27敗、防御率3.52(147奪三振)。1985年、東大文学部を卒業後、NHKに入局。報道局政治部記者、ワシントン支局長などを歴任する。2010年から2015年まで報道番組「ニュースウオッチ9」のキャスターを務め好評を博す。現在はNHK記者主幹。

分は何とかなる」という気持ちで、「野球に集中したほうが、いずれ勉強に切り替えたときにまた集中できるはずだ」と。まあ、これも根拠のない楽観主義かもしれませんけれど。

桑田　いえいえ、すごい集中力ですね。野球部の練習といえば、大越さんのころは当然、水を飲んではいけない時代で、朝から晩まで練習でしたか。

大越　そうです。それこそ朝から晩まで。PL学園に比べれば練習量は少ないですけれども、やはりそれなりにきつかったですね。

本当に効果的な練習とは

桑田　そこでちょっと申し上げますが、PL学園の練習というと、皆さんは必ず「時間も量も、ものすごいんだろう」と思われるようです。たしかに僕も、入学した1年生のときは1日中ずっと練習でした。でも、1年生の夏に甲子園で優勝できてから、監督に交渉して、3時間の練習に切り替えたんですよ。

大越　それは知らなかった。そうなんですか。桑田さんは1983年の夏、1年生で甲子園のマウンドに立ち、1回戦から決勝までの6試合すべてに登板されました。そのうち中継ぎが1試合で、あとは先発です。完封が2試合あります。この驚異的な成績を見れば、やはり朝から晩まで相当ハードな練習をしていたとしか思えませんでした。

そうそう、桑田さんが野球部のコーチに就任されるというので、僕らOBで話したことがあります。そこで出たのは、まず「現役選手で桑田さんの言うことが実践できるやつって、どのくらいいるのかな」ということでした。そして「そもそも基礎がないから、やっぱり死ぬほど投げたり走ったりしなきゃいけないんじゃないのかな」と。でも実際には、そんなことはなかったですものね。

桑田 僕は1年生で甲子園のメンバーに選ばれました。7月から甲子園大会までの期間、メンバーだけで練習する時間が設けられました。そのメンバー練習が1日2、3時間ほどで、このときに僕は劇的に上達したんです。

1日2、3時間の練習でうまくなったという成功体験があって、さらに甲子園で優勝という結果もついてきましたから、僕は監督に「3時間の短時間練習が効果的だと思います。やりませんか」と交渉したわけです。初めは拒絶されましたが、監督も「じゃあ、やってみようか」と受け入れてくださった。「そのかわり、甲子園に行けなかったら元に戻す」とも言われましたけれど、僕たちはそれ以降もずっと甲子園に行っていますから、卒業するまで3時間練習だけでした。

大越 へえ。いたずらに長時間、きつい練習をするのではなくて、3時間なら3時間、集中して効率的に行なう。それが結果に表われるというわけですね。しかも1年生で監督に提言された。やはり桑田さんはチャレンジャーだ。

桑田 はい。僕はその短時間集中型で結果を出せたので、プロ野球に入っても、コーチに交渉して練習時間を短くしていただきました。

大越 なるほど。今のお話を聞いて、僕がキャスター時代、桑田さんにインタビューさせていただいたときのことを思い出します。桑田さんは、いわゆる体を動かすという意味での練習よりも、モチベーションというか気持ちの持ち方を大事にしている——そんな趣旨のことを話されました。極端に言うと、四六

「キャスター時代、桑田さんにインタビューしたことを思い出します」（大越）

時中、野球のことを考える。野球のためにすべてがあるということを意識のうえで持たないと、どんなに上手に練習しようが長時間練習しようが、勝てない。目標を果たせない。だから野球にすべてを捧《ささ》げるぐらいのつもりで、とにかく野球のことを考える、ということをおっしゃっていた。

そのお話が非常に印象に残っています。その一方で短時間で集中してやるほうが、長時間ゼイゼイ言いながら練習するよりも実はタフなことで、そのことに桑田さんは取り組んでいらした。それが僕にとって、ものすごい発見でした。そうやって後輩選手たちの意識が変わっていけば、すぐには結果が出なくても、意識の変化がやがて伝統となり、結果を出せるようになるのではないか。そういうふうに僕なりに実感した思い出があります。

「強い東大」が原体験だった

桑田 お話を大越さんご自身の体験に戻しまして、東大時代のことをちょっとお聞きしたいと思います。東大に合格して、野球部に入られたときの感想といいますか、東大野球部の印象はどうでしたか。

大越 実は「けっこう、強いな」と思いました。僕は浪人をしている間も東大野球部に入ろうという目標を持っていたので、東大の近くに下宿したんです。

桑田 もう東京に出て来られていたんですか。

大越 ええ、東京で下宿をして予備校通いです。散歩をしても行ける距離に東大のグラウンドがあって、何度か練習を見に行きました。そこで、わりと厳しい練習をしているんだな、というのが第一印象です。

そして1981年に東大に入り、実際に同じグラウンドに立って先輩たちのプレーを見ていますと、浪人時代の第一印象がリアルによみがえってきました。やはり厳しい練習をしている。しかもフリーバッティングではスタンドを軽く越えるし、ピッチャーのコントロールはいい。僕が思っていた東大と違う。要するに「えっ」というのが僕の印象でした。

桑田 大越さんが入学された年の東大は強かった。いわゆる「赤門《あかもん》旋風」が吹き荒れたシーズンですね。でしたら、なおさら「けっこう、強いな」という印象をお持ちになっても不思議ではありませんね。

大越 そのとおりです。最初に僕たちの入学式がありまして、その日がちょうど春季リーグの初戦だったものですから、野球部志望の学生はそのまま神宮球場へ行ったんです。その初戦で、当時は抜群に強かった法政大学に、3-1で勝った。相手のピッチャーはその後、プロでも活躍されたエースでしたが、東大は法政のエース相手に遜色《そんしょく》のない戦いをするどころか勝ってしまったわけです。

桑田　記録を確認しましたところ、その春のシーズンの東大は通算6勝7敗。一時期は優勝か、と騒がれました。それが「赤門旋風」ですね。

大越　ええ、途中まで勝ち点3で、対立教の4回戦に勝てば優勝も見えていました。その立教戦には対戦成績1勝1敗1引き分けで臨《のぞ》んだのですが、0-1で負けてしまったのです。それで優勝の芽が潰《つい》えてしまいました。

桑田　その試合の相手投手は、野口裕美《のぐちひろみ》さんでしたね。立教の2年生のときに、シーズン96奪三振を記録して、卒業後はドラフト1位で西武ライオンズに入団されたピッチャーです。

大越　そうです。野口さんに根負けしました。でも、ドラフト1位でプロに指名されるほどのピッチャーと競《せ》り合ったわけですから、やはりこのときの東大は強かった。つまり僕が最初に見て体感した東大野球部は、「強いじゃないか、俺たちは」というものだったんです。卵を割って外に出てきた小鳥が、最初に見たものを自分の親だと思うように、「強い東大」が僕の原体験でした。ですから、最初から2段階くらい意識が高くなっていたと思います。

桑田　実際に入部されてからは、いかがですか。部内の上下関係や練習内容などを聞かせていただけますか。

大越　体育会的な上下関係はありませんでした。非常にフランクです。先輩に説教された記憶もありません。もちろん先輩には「ですます調」で話しますし、先輩が後輩に対して常に優しいわけでもないのですが、力があれば「おまえ、大したもんだな」と認めてくれたり、あるいは「ここはこうじゃない？」とアドバイスをしてくれたり、環境としてはきわめてよかったですね。

桑田　練習メニューは、たとえばどのようなものでしたか。

大越　これもわりと科学的にやっていました。当時、ウエイトトレーニングなどというのは、あまりなかった時代なんですが、東大では取り入れていました。「野球におけるウエイトトレーニングの創始者」といわれる人が、僕が入ったときの監督なんです。

桑田　平野裕一《ひらのゆういち》さんですね。この春までJISS（国立スポーツ科学センター）で副センター長と主任研究員を務められ、現在は法政大学スポーツ健康学部教授でいらっしゃいます。大学院でも教鞭《きょうべん》を執《と》っておられます。

大越　ええ、僕が東大に入ったのは、その平野さんの監督1年目です。平野さんが科学的なトレーニングを取り入れられ、考え抜かれたメニューで練習をやっていました。僕らはそれを当然のように受け入れて、納得して取り組むことができたのですから、1000本ノックが当たり前の時代に、非常に恵まれていたと思います。意識のうえで初速がつき、自分の努力以上にその初速で行けたように感じます。

桑田　初速がついた大越さんは、1年生のときから、ずっとピッチャーをされてきたわけですね。

大越　高校時代はキャッチャーもやっていたんですが、途中からピッチャーのご指名をいただきまして（笑）。でも東大では最初、「自分はピッチャーなんか、やったことはありません」みたいな顔をして、内野のノックを受けたりしていました。実はセカンドに興味があったんですよ。しかし、フリーバッティングなどで投げているうちに、「大越、おまえはピッチャーだ」と。

初めての勝利の思い出

桑田　いいボールを投げていたのでしょう。それで、そこから神宮で投げ、エースに上がってゆく段階というのは、どのような感じでしたか。

大越　先ほども申しましたが、僕は根拠のない楽天家というか自信家で、「強い東大」を牽引《けんいん》していた先輩たちに、わりと自分のボールが通用したんですね。何が通用したかと言いますと、サイドスローのシュートです。

桑田　大越さんの投球フォームを撮影した写真を拝見しますと、なるほど腕の振りがスリークォーターよりもサイドスロー気味に見えますね。初めからサイドスローだったのですか。

大越　もともとはオーバースローです。でも勝手に自分で変えました。監督にも言わず、だんだん腕を下げていって、サイドスローにしたんですね。それはシュートが使えたからです。シュートを使うと、僕が「この人たち、本当によく打つな」と思える先輩にも通用して、けっこう抑えられた。それで横の揺さぶりというのでしょうか、とにかく抑えるコツみたいなものを早めにつかむことができたんです。

僕は1年の秋から、ときどきリリーフでは投げていたのですが、2年の春ごろには「自分はこれで行けるぞ」といった自信を何となくつかんでいきました。それで少しずつ勝てるようになった、という感じですね。

桑田 大越さんは1982年の新人戦で立教と法政に勝ち、東大が準優勝した立役者でいらっしゃいます。そこで新人戦ではなく、リーグ戦について伺いますが、神宮で初勝利を挙げられたときは、いかがでしたか。

大越 やはり、うれしかったですね。知らない間にガッツポーズが出ていました。もともより神宮に自分が立っていること自体、信じられませんでした。新潟の高校時代、遠く離れた神宮球場に自分がいることなど想像すらしなかった。しかし東大に入れば神宮のマウンドに立つこともできるのではないか——そんな大きな勘違いが現実のものとなって、その場所で勝てたということが夢みたいでしたね。

桑田 その試合は立教戦で、しかも完封でしたね。スコアは3-0でしたか。

大越 おっしゃるとおりです。そして、あのときわかったのは、東大のピッチャーは完封をしなければ勝てないということでした。「赤門旋風」で活躍された先輩、僕が1年生のときの4年生で、大山雄司《おおやまゆうじ》さんというエースから、こう言われたことを覚えています。「大越、いいか、ピッチャーは完封しろ。そうじゃないと東大は勝てない」

僕の初勝利は完封でしたが、リーグ成績通算で8勝のうち、完封が4試合、1点完投が3試合、あとはロングリリーフで0点に抑えたのが1試合です。結局、2点以上を取られて勝ったことはないんですよ。

桑田 完封が至上命令というのは、先ほどの「初速」のお話ではありませんが、野球に対する意識が高いレベルに置かれたことを意味するのではないですか。

大越　そうですよね。やはり、最初から意識のレベルで発射台が高かったと思います。完封するためにはどういう組み立てをするべきか、相手との心理戦を制するにはどうしたらいいのか、などを自分なりに考えました。そもそも「5点取られても、6点取ったら勝てるよね」という発想があり得なかったのです。

基本は、やはりアウトローに決めること

桑田　僕も2年間、指導させていただくなかで、「1勝を挙げることは、こんなに難しいのか」と身をもって感じました。そこでお聞きしたいのは、大越さんはどのような練習をして、試合ではどういう気持ちで勝たれたのかな、ということです。ご自分で「これを磨いて試合に使おう、こういう練習をしよう」と常に心がけられたと思いますが、たとえば「磨いて使おう」とした武器は、シュート以外に何がありましたか。

大越　ええ、桑田さんを前にこんなことをお話しするのは恥ずかしいのですが、やはりアウトローでは必ずストライクを取れるということだと思います。自分のような球威で勝ち抜くためには、まずオーソドックスに、打者から最も遠い場所であるアウトローで安定してストライクを取ること。あとは、ランナーを塁に出してもゲッツーを取れるシュートボールを覚えること。それからシュートにもいくつか種類をつけて、ちょっと伸びるようなシュートと、少しシンカー気味に落ちるシュートを投げ分けること。以上の三つでしょうかね。スライダーもカーブも投げましたけれど、大したボールではなかったので。

桑田　アウトローへの制球は、僕が東大野球

部のピッチャーを指導するうえで、きわめて重要なテーマでした。ピッチャーの基本は球速ではなく、あくまでコントロールを磨くことです。とくにアウトローでストライクを決めることができれば、150キロの速球に頼る必要はありませんから。ブルペン指導では、10球投げて何球アウトローに決まるかをチェックしていました。

ところで大越さんは、シュートが得意でしたら、左バッターのアウトローでストライクを取ってカウントを稼いだり、勝負球にされたりしたと思います。左バッターのアウトローへは投げやすいじゃないですか。一方、シュートピッチャーは、どうしても右バッターのアウトローがシュート回転して真ん中に入り、打たれることがあります。この点、大越さんはどうでしたか。

大越 僕は右バッターのアウトローも、それほど苦にはなりませんでしたね。むしろ好きでした。必ずストライクが取れる自信がありました。

桑田 僕と一緒ですね（笑）。一般的には、シュートを投げる投手は、右バッターのアウトローでストライクを取れない人が多いんです。

大越 そうですか。光栄だなぁ（笑）。ただ、今になって思うのは、僕はサイドハンドですから相手は左を出してきますので、スライダーをもっと左バッターの膝元《ひざもと》に投げられる練習をしておけばよかった。そうすれば、あと二つぐらい勝てたかなと、この歳になっても悔《く》やんでいます。

チーム力を高めるために

桑田 ここまで、大越さんが選手個人として、ご自分をどう高めていったかというお話を伺いました。次にお聞きしたいのは、チーム力を高めるためにどうされたか、ということです。チームのエースとして、気をつけられた点は何でしょうか。

大越　さすが桑田さん、鋭いご質問です。おそらく、僕がその部分をしっかりできていれば、もうちょっと勝てたのかもしれません。しかし自分のことで手一杯でした。その反省はありますね。

　ピッチャーの一挙手一投足というのはチーム全員が見ています。すなわち僕がボールを持っている間、みんな常に僕を見ているわけです。でも、そういう意識が足りなかったのではないか、と思います。たとえば僕の感情が表に出てしまうことが、チームの士気に悪影響を与える。もう後の祭りですが、今は反省しきりです。

桑田　なるほど。ピッチャーは守備側の野手にあって、唯一、攻めることができる存在ですものね。おっしゃるとおり、チーム全員がピッチャーを見ています。

大越　ええ。そのかわり、ピッチャーならではの魅力もあると思うんです。それは場を支配できるということです。

　野球はボールを追うスポーツで、そのボールを持っている時間は誰がいちばん長いかといえば、当然ピッチャーですよね。ボールを持つことで場を支配する。その魅力を受け止め、自在に使うことができれば、名実ともにエースとして振る舞える。それこそ「みんなが俺を見ているんだ。相手バッターも、それぞれのベンチも、そしてバックも」という意識を、先ほどとは違った意味で持った野球ができていれば……あれ、また反省になってしまいましたね（笑）。

桑田 おっしゃることはよく理解できます。では、チーム力ということに関して続けさせてください。試合の前後はチーム全員でミーティングなどをされましたか。

大越 必ずやっていました。公式戦の前でしたら、当然のことでしょうが相手のデータ分析をしました。過去の対戦から、「どのコースをどちら方面に打つか」とか「このボールを初球に投げれば打ってこない」といった相手バッターの特色を分析して、みんなで話し合いましたね。

「自分の頭の悪さ」を知る

桑田 では、大越さんがOBとして、今後、東大の野球部に入る人たちに伝えたい魅力といったものがあるとすれば何でしょうか。

大越 はい。東大野球部卒で野球を職業とする人は、おそらく何年に一人の世界です。だから東大野球部に入れば、野球選手として最後の、本当に最後だという瞬間を、いちばん華《はな》やかな舞台で味わえます。それも、自分たちが高校時代に対戦してきた人たちよりもずっと高いレベルの他大学の人たちと対戦できます。それは「あそこに追いつけ、追い越せ」という目標を明確にできるということでもあります。

そんな非常に純粋でシンプルな世界に身を置き、明確な目標の下《もと》で貴重な4年間を費《つい》やすことができる場は、そうそうありません。東大生は勉強も好きだろうし研究もしたいかもしれないけれど、桑田さんがおっしゃったように野球のことだけを考えて日々を送ったとしても、それは十二分、余りあるぐらいに意味のある場所だと思います。だから、ぜひ野球に専念をしてください、ということを言いたいです。

桑田　素晴らしい言葉です。大越さんがおっしゃるのは、いわゆる「野球バカ」になれ、ということと180度違いますよね。

大越　恐れ入ります。そうなんです。たとえば彼女とデートで会っていても、その彼女との交際の仕方、人間関係のつくり方も野球につながるよね、ということです。いろいろなことが役立ち、いろいろなことに役立てられるのが野球であり、スポーツなので、やってみる価値、貫《つらぬ》いてみる価値というのは十分ありますよ、みなさん、と申し上げます。

桑田　価値という表現をされたところで、重ねてお聞きします。東大野球部の価値とは何でしょう。ほかの言い方に置き換えると、どうなりますか。

大越　東大というと、よく「頭脳プレー」であるとか「頭がいいんじゃないか」と言われますが、東大野球部に入ると「自分の頭の悪さ」をいちばん感じるんですよ。

桑田　そうなんですか。それは具体的にどういうことでしょうか。

大越　一般的な「頭のよさ」と、「野球脳」はまったく違いますよね。ほかの大学と対戦することで、いかに自分の頭脳が働いていないかということを味わうんです。

桑田　大越さんがおっしゃる「野球脳」とは、よく言われる「野球頭」というものですね。

大越　はい、そうです。それは、どのスポーツでもそうなのかもしれません。申し訳ないけれど、頭を使わないアスリートは基本的に成就《じょうじゅ》しませんよね。ですから後輩たちには、「あなたたちが思っている頭のよさと、まったく違う頭脳の働かせ方というものがある」ということを言いたいです。僕は東大野球部の4年間でそれを知りました。

つまり、試験に合格して東大に入ることイコール頭がいい、ということではない。頭のよさとは、チーム力を高めることであったり、自分のスキルを高めるための努力の方法を知っていることであったり、ときにはリーダーシップを取ることであったり、あるいはフォロワーシップに徹することであったり——そういうものを全部ひっくるめたことだと思うのです。僕はそういう意味での、自分の頭の悪さを痛感したので、それが人間として非常に大きな経験になりました。

桑田 たしかに、おっしゃるとおりだと思います。僕は野球部のみんなに、いつも考える野球ということを意識してもらえるよう、指導させていただいたつもりです。大越さんのお話を伺って、僕の指導方針にさらなる確信を得た気持ちです。

大越 それにしても、桑田さんが2年間、指導してくださって、東大野球部のチームと野球が質的に変化したと僕は思うんですよ。

桑田 質的な変化とは、どういうことでしょうか。

大越 先ほど申し上げた「野球脳」が鍛えられてきた気がします。それから、意識の変化ですね。東大生は受験勉強で一所懸命に問題集に取り組んだ経験を持つせいか、何とか根性を出せば勝てるというような認識に陥《おちい》りがちなんです。「ほかの大学の選手は高校時代にバリバリ野球をやってきて、うまいのだろうけど、野球にかける熱意では俺たちのほうが上だ」とか、「俺らは下手《へた》だけれど、練習量ではほかの大学に負けない。根性で練習すれば勝てる」などと思ってしまう。僕もそうでした。

けれども、おそらく桑田さんの指導で、自

分が克服すべき課題の見つけ方や、あるいはマインドセッティングの仕方、モチベーションの持ち方といった意識改革が芽生《めば》えてきたのではないか、と僕は感じています。

桑田　そう言っていただいて、恐縮です。

100年の歴史に新風を吹き込む

大越　桑田さんが忙しい合間を縫《ぬ》って、きちんきちんと練習に顔を出してくださったことはみんな感謝していますし、その刺激は非常に大きかったです。桑田さん、どうしてあんなにきちんと来ていただけたんですか。

桑田　本当は毎日でも行きたかったのですが、野球の解説や講演の仕事が入っていましたので申し訳ないぐらい行けませんでした。事前に「このくらいの日程でしか行けませんが、大丈夫ですか」と確認してから、特別コーチに就任させていただいたわけです。

今、大越さんが「根性で何とかなるという意識に陥りがち」と言われたように、僕もそれを目の当《ま》たりにしました。最初の練習のとき、「君たち、練習をどういうふうに思っている？」と聞くと、「他大学が3時間やっていたら、僕たちはその3倍はやらなければいけない」と答えるのです。「それはどうしてですか」と聞くと、「やはり体力も技術も劣《おと》っているので、やるしかないです」と言う。

しかし体力と技術が劣っているのに、他大学の3倍も練習をやったら疲れてどうしようもありません。集中力もなくなるし、練習どころではないでしょう。だからこそ量とか時間ではなく、まず現状では何が足りないかを把握《はあく》して、万全で集中力がある状態で練習をしたほうがいい――それが僕の考え方です。この考え方を投手陣のみならず、全員に伝えました。そして僕の考える練習をやりませんかと提案し、監督にも取り入れていただいたのです。

大越　東大野球部は創部が大正8年（１９１９）で、もう１００年近い歴史があります。東京六大学野球連盟も、２０１５年に結成90周年を迎えました。この長い時間のなかで、たぶん東大野球部は「根性を出して、野球愛では負けないという誇りとプライドを持って臨めば何とかなる」とやってきたのではないでしょうか。

当然、一度も優勝していませんが、長い年月をかけてつながれてきた意識というものがあります。そこに桑田さんの、課題を把握して集中し、時間と量ではない練習を導入することは、ある意味で革命ですよね。強くはないけれども、それなりのブランドと伝統がある東大野球部に新風を吹き込むというのは、思いのほか大変ではなかったですか。

桑田　そうですね。ですから僕は座学も取り入れました。自分の実績や経験だけを伝えるのではなく、座学で「日米の名投手のフォームはこうなっていますよ。共通点はここですよね」とか、「もちろん球が速くて有名な投手もいますが、みなさんが知らない投手もいっぱいいますよね。名投手と言われている選手の共通点はコントロールがいいことなんですよ」ということを示していきました。

大越　僕が一度、グラウンドに練習を拝見しに行ったときに、桑田さんはショートの守備でノックを受けていらした。そこではお手本というか、「こうやって楽しもうじゃないか」的なキャッチングをされていたので、面白い練習をしているなあと感心したものです。つまり普通に来たゴロを、バックハンドで捕《と》ったり、ボールをグラブに当ててポンと上げてから利《き》き腕で捕って投げたり……ああ、大阪の野球少年だったら休み時間に、みんなこうやっているよね、といった印象を持ちました。

桑田　あの練習にも狙いがあるんです。正面のゴロを、グラブを閉じないで受けて――つまりグラブに当てて、その反動でボールを上げて、利き腕でつかみ、送球します。このときボールを上げるには、グラブに当てる箇所が体に近すぎても、遠すぎてもボールは上がりません。

大越　ああ、なるほど。

桑田　ボールを当てるのはちょうどいいところ、一点でないとダメですね。グラブの土手とか網で捕ると上がりません。また、当てたボールの上げ方でも、どこに上げるかを計算しながらやらなければいけません。つまり打球に入る体の角度、位置、ボールとの距離感、上げ方、そして上げたものを素手で捕って投げる。その方向に対して、どういうふうに体を反応させて一発で投げるか――これらをすべて一瞬のうちに判断し、実際の動作に反映させなければならない。あのノックの狙いというのは、そうやって感覚を研《と》ぎ澄《す》ませることを実際に見てもらうことだったんです。

大越　そうすると、無駄なノックを100球受けてヘトヘトになるよりも、10球のほうがその100球分以上の力を持つということですね。

桑田　そうなんです。一見、遊んでいるように見えるけれど、実はあのようなプレーができるようになると、両手で正面のゴロを捕るなんて朝飯前ですよという感じです。

大越　なるほど、そこに基礎がきちんとビルトインされているわけですね。だからそれが練習ということなんですね。

桑田効果とは

大越 実際、桑田さんが指導されてからというもの、東大野球部はいい試合をするようになりましたね。2015年の春、そして秋にそれぞれ1勝を挙げています。接戦が非常に多くなったと思います。

桑田 大越さんの現役時代は「完封しなければ勝てない」と言われましたけれど、僕は就任してから、どう見ても完封は難しいと思ったんです。ですから3点以内に抑えよう、何とか4点取ってくれたら勝てると考えました。

「プレイボール」がコールされて、10分もしないうちにゲームセットという試合をやめよう。それが僕のいちばんの思いです。選手の士気が下がるのはもちろんのこと、来てくれるファンの方にも失礼ですから、何とか最低でも5回までは「いい試合をするね」というチーム力にしたかったんです。あわよくば7回まで、1点差、2点差で食らいついていけるようなチームですね。たとえば、もし6回でも3点で抑えて0 - 3だったら、まだ希望を持てるじゃないですか。

大越 そうですね。

「あくまでコントロールを磨こう」(桑田)

桑田　ですから選手には、初回に1点取られた、2回に2点取られた、でもまだまだ大丈夫だよ、要するに諦めてはいけないんだよ、という話をしながら指導にあたりました。僕がいたときは1勝もできませんでしたが、着実にいい試合ができるようになってきたとは思います。

大越　そうですね。桑田さんが在任中のころからゲームができてきている。僕はそういう印象を非常に強く持ちました。見ていて「イタい」という試合が少なくなって、やはり可能性を感じる試合が増えた。現実に、春1勝、秋1勝ではありますけれど、やはり花開いたし、僕のときよりも試合ができているなと感じます。

桑田　そうですか。大越さんのころは、やはり大越さんが完封するしかなかったのですものね。

大越　市川武史《いちかわたけし》君という頼れる後輩投手がいたので、僕一人で勝ってきたわけではありませんが、ピッチャーには「完封してやる」という気概《きがい》が必要だと思います。けれども早い回で完封を逃してしまい、2点取られたらもうダメかな、というあきらめムードが漂《ただよ》ってしまうようでは元も子もありませんから、桑田さんがおっしゃるように、まずゲームをつくって可能性を維持する。そうすれば、その可能性が成就することもあるわけですからね。

桑田　そのとおりですね。相手チームに「2-0では安心できないぞ」とか「1-0ではまずいぞ」と思わせ、その焦《あせ》りからミスを誘発して勝利に繋《つな》げるという試合のかたちも、自分なりには考えたんです。勝つことはできませんでしたが、0-1の敗戦が2試合あるように、僅差《きんさ》の試合が増えました。スコアを見ると2-9なのに、7回までは2-3だったとか。そのような試合ができるようになってきました。

大越 本当に、途中経過を見ると、「あらー、いい試合やってるじゃないの」というのが、かなりありますよね。

桑田 はい。僕はそのことに手ごたえを感じていましたし、選手たちを評価してもらいたいな、と心から思うんですね。「東大は勝てないじゃないか」と、よく言われたんですけれど、そうおっしゃる方々には「いえ、こういうところを評価してください」という話をさせていただきました。

支える野球

大越 東大野球部の選手たちって、誤解を恐れずに言いますと、野球については初心《うぶ》だと思うわけです。やはり高校野球の第一線で、レベルの高いチーム同士のつばぜり合いを経験した人たちは少ない。でも、その「初心さ」がプラスの方向に伸びてくれるといいな、とも思います。

桑田 伸びてゆく余地は、たっぷりあるのではないですか。

大越 そこです。初心であるぶん、伸びしろは大きいのかもしれません。決定的な身体能力の差はいかんともしがたいですが、身体能力だけを取り出してみれば、そこそこの選手も東大には入ってきます。その意味で申し上げると、選手たちの伸びしろをどう伸ばしてあげるか、その部分で僕ら先輩はもっと心を砕いてもよかったのではないか。

僕は仕事の忙しさにかまけて、チームになかなか関われませんでした。せっかく桑田さんに来ていただいたのですから、これからは、選手個々人の伸びしろや特性、適性を見抜いた桑田さん流の優れた指導を絶やさずにいられるよう支援してゆくことが必要なのだ、と痛感しました。

桑田　ありがとうございます。大越さんにそう言っていただけると、本当に心強い限りです。

大越　桑田さんがすごいのは、第一線のプロ野球選手が、平場《ひらば》のアマチュア野球に同じ目線で取り組まれて、すべての選手に目的意識を持たせることに必死でいらっしゃることです。ジャイアンツ、パイレーツであれだけのことを成《な》し遂《と》げた人が、ただでさえ「名選手は名監督ならず」と言われるなかで、少年野球から大学野球まで指導されている。名選手なのにアマチュアのコーチという、僕らが一般的に抱くイメージのギャップを、難なく、当然のように楽しんでいらっしゃる。その姿がすごく魅力的だなと思うんですよね。

桑田　ますます恐縮してしまいます。僕の考えでは、プロ野球の監督というのは、いろいろなプレッシャーはあるのでしょうが、ある意味で楽だと思うんですよね。選手はみんなうまいわけですから。指導をするのにいちばん難しいのは小、中学生だと思うんです。指導者として、そのレベルの勉強をせずにプロのコーチや監督をしてはならないな、という思いが僕にはあったんです。

大越　そうですか、なるほど。初めて伺いました。それが、これまで桑田さんがプロを指導されていない理由なのですね。

桑田　僕は現役時代から小学生を3年間、そしてボーイズリーグで中学生を10年間、野球の指導をしてきました。それが東大のコーチを引き受けさせていただくことに繋がっていったのです。高校生を指導したことはないんですが、社会人は指導させてもらったりしていますので、これである程度は、それぞれのステージでの大変さ、難しさというものを把握できたかなと思います。

大越 一定程度の功績を残して現役を引退しますと、セカンドチャンスというのでしょうか、登った山が高ければ高いほど、次のステージに移るのは大変ですよね。高い山を一回下りて、また登るわけですから。そこはあまり感じられなかったですか。

桑田 そうですね、楽しかったですね。現役選手でプレーする野球は、もう卒業したという感覚なんです。ですから、これからは支えるほうの野球を楽しみたいと思っています。僕は本当に野球が大好きなんです。プレーする野球は終わっても、今度は支える野球のための土台づくりをしながら、自分の納得する指導法を勉強したいと思っています。

大越 「支える野球」ですか。素晴らしい。何だか最後は、僕のほうが質問して取材するような感じになってしまいましたね(笑)。

桑田 いえいえ、こちらこそ素晴らしいお話を聞かせていただきました。どうもありがとうございました。

おわりに

２０１５年の春季リーグ戦で「１６９４日ぶりの勝利」を挙げた東大野球部は、続く秋季リーグでも「１勝」を手にしました。相手は同じ法大、５－２の逆転勝ちです。また、このとき先発して勝利投手となった宮台康平《みやだいこうへい》投手は、今年（２０１６年）4月6日の早大戦で13の三振を奪い、東大史上最多の奪三振数を記録。０－１で敗れはしたものの、スポーツメディアには「東大左腕エース、13Ｋで早大を苦しめた」「宮台、ドラフト候補に躍り出る」などの大きな見出しが並びました。

東大の選手たちは着実に、確実に成長している――本文でも触れましたが、僕が特別コーチを務めた2年の間でもロースコアの試合が増えていました。あとは「勝利」という結果だけだったのです。僕は２０１４年12月21日をもって東大のグラウンドを後にしましたが、その後の東大野球部が「成長」の結果、なし得た「勝利」に、もし少しでも寄与《きよ》できたとすれば無上の喜びです。

僕はこれまで、小学生から大学生、社会人に至るまで、高校生以外のすべてのステージで野球の指導を経験してきました。その指導経験や大学院での勉強を通して感じたのは、「日本の野球は世界一である」ということです。日本の野球界の先人たちが築き上げた野球道の価値観は、世界に誇れるものだと僕は確信しています。今の日本野球に必要なのは、その素晴らしい野球道の価値を昔のまま受け継ぐのではなく、現代に合った形に適応させていくことだと思います。そのうえで、選手のみならず、僕を含め野球に携《たずさ》わるすべての人——少年野球の関係者から、学生野球関係者、プロ野球関係者など——が、50年後も100年後も日本の野球が発展できるように、お互いに手を取り合ってほしいと思っています。

昨今、野球人口の減少、少年野球チーム数の減少が叫ばれていますが、僕は選手の数やチーム数が増えることが必ずしもいいことだとは言えないと思います。チーム内の人数が多いと、球拾いしかしたことのない選手や、一度も試合に出られない選手が当然出てくるからです。現状では、そういった選手たちも野球人口にカウントされていますが、それでは野球をする楽しさはもちろん、勝つ喜びを味わうことはできません。これから少子化が加速し、野球人口もさらに減っていく可能性は大いにありますが、そんな現実を悲観するのではなく、「今までよりも多くの子どもに、打席に立てる、マウンドに立てるチャンスが回ってくる」と発想を変えるべきだと僕は思うのです。僕も、PL学園野球部に入った頃は球拾いばかりしていましたが、運よくチャンスを与えられた結果、甲子園で優勝投手になることができました。そういうチャンスをモノにできる機会がより広がり、本当の意味で野球の楽しさを味わえる子どもが増えていく。それこそ、今の時代に合った野球の発展だと思っています。

選手の数が減るからこそ、これからは指導する側が子どもたちにどう接するのか、どんな指導をしていくのかが、重要になります。大事なのは、「最大化」よりも「最適化」。僕自身も、選手たちとのふれあい一つ一つを大切にしながら、最適化した野球の指導をさらに追い求めていきたいと考えています。

本書は、僕の〝よき先輩〟からの助言をきっかけに誕生しました。「スポーツ報知」（報知新聞社）の湯浅佳典《ゆあさよしのり》さんが、その人です。彼は僕が読売巨人軍に入団した当時の担当記者さんでした。大阪から単身で上京し、右も左もわからなかった僕にとって、同じ大阪出身で、耳慣れた関西弁で話しかけてくれる湯浅さんは、とても親しみやすい存在でした。また一回りほど年上で、多くのことを学ばせてもらった〝よき先輩〟でもありました。

その湯浅さんから、特別コーチを退任した頃、こんなことを言われたのです。

「東大で指導した2年間の記録を、1冊の本として、形に残しておいてはどうだろう。練習や試合の様子など、データは私が用意できるし、本づくりに協力もできるよ」

彼はすでに記者としての取材現場から離れていましたが、僕が特別コーチに就任してからというもの、指導する側となった僕を担当記者時代と同じように密着取材し、緻密《ちみつ》な記録を残していたのです。

僭越《せんえつ》ではありますが、僕の本で湯浅さんの長年にわたる活躍に敬意を表し、現役時代にお世話になった感謝をお伝えできればと思い、執筆を決意した次第です。

そして、東大野球部の関係者のみなさん、選手のみなさんにも、改めてお礼を申し上げたいと思います。日本野球の発祥の地である東大で指導する機会をくださったOB会会長の橋本正幸さん、特別コーチとしての僕を快く受け入れてくださった浜田一志監督、いつも根気よく頑張ってくれた選手のみなさん、本当にありがとうございました。また、浜田監督には東大大学院への挑戦という素晴らしい機会も与えていただきました。いろいろな経験をさせていただいたことに、心から感謝申し上げます。

日本全国には、東大野球部のようになかなか勝てずに、悔しい思いをしているチームがたくさんあると思います。そんなみなさんに、コツコツ積み重ねていくことの大切さ、少しずつでも成長していくことの喜びを、本書を通して伝えられたのなら幸いです。そして、東大野球部でプレーすることを目指す球児が今後たくさん出てくるようになればいいな、と願っています。

野球というスポーツは本当に素晴らしい。僕は心からそう思います。一人でも多くの選手に、もっとうまくなってもらって、もっと野球を楽しんでもらいたい。そして、一回でも多く勝利の喜びを味わってもらいたい。それがきっと、人生の学びに、糧《かて》になっていくでしょう。野球というのは、それだけ価値のある、魅力的なスポーツだと僕は信じています。

二〇一六年　六月

桑田真澄

東大《とうだい》と野球部《やきゅうぶ》と私《わたし》
—勝《か》つために大切《たいせつ》なことは何《なに》か

平成28年6月5日　初版第1刷発行

著　　者　桑《くわ》田《た》真《ま》澄《すみ》
発行者　辻　浩明
発行所　祥《しょう》伝《でん》社《しゃ》
〒101-8701
東京都千代田区神田神保町3-3
☎03(3265)2081(販売部)
☎03(3265)1084(編集部)
☎03(3265)3622(業務部)
印　　刷　堀内印刷
製　　本　関川製本

ISBN978-4-396-61543-7　C0075　Printed in Japan
祥伝社のホームページ・http://www.shodensha.co.jp/